中国的科技创新之路
经验与反思

The Way of Innovation
Based on Science and Technology in China
Experience and Reflection

李　哲◎著

科学出版社
北　京

内　容　简　介

过去几十年，中国的经济发展取得了举世瞩目的成就，创造了第二次世界大战结束后一个国家经济高速增长持续时间最长的奇迹。如何理解科学、技术和创新在这一成就中的作用，是回顾这段历史必须要回答的命题之一。本书立足中国科技创新的实践，着眼于新知识新技术的产生、扩散和应用，以及与之相伴随的各种发展模式、制度的变化，从政府治理、区域差异、协同演化、文化因素、国际环境等宏观层面探讨了相关经验。当前，在世界新一轮科技革命和产业变革同中国转变发展方式的历史性交汇期，需要对这段历程进行必要的反思，以更好地把握国内外发展新形势，以问题为导向，以需求为牵引，推动以科技创新为核心的全面创新，将改革进行到底。

本书可供科技创新政策制定者和研究者，以及高校相关专业师生参考。

图书在版编目(CIP)数据

中国的科技创新之路：经验与反思／李哲著．—北京：科学出版社，2020.6

ISBN 978-7-03-064191-5

Ⅰ.①中…　Ⅱ.①李…　Ⅲ.①技术革新-研究-中国　Ⅳ.①F124.3

中国版本图书馆CIP数据核字（2020）第006380号

责任编辑：王　倩／责任校对：樊雅琼

责任印制：吴兆东／封面设计：无极书装

科学出版社 出版

北京东黄城根北街16号

邮政编码：100717

http://www.sciencep.com

北京虎彩文化传播有限公司 印刷

科学出版社发行　各地新华书店经销

*

2020年6月第　一　版　开本：720×1000　1/16

2022年8月第三次印刷　印张：15

字数：260 000

定价：148.00元

（如有印装质量问题，我社负责调换）

前言：变革背后的秘密

在250多年前，西欧的知识分子遇到一个问题，为何西方主宰这个世界？对此，近3个世纪以来争论不休，有人认为是文化的不同，有人认为欧洲有得天独厚的环境和气候条件。尽管各种解释千差万别，但最流行的几种观点都认为，自远古起，西方就形成了一些与世界上其他地方不同的特质，这些特质决定了西方终有一天要成为世界的霸主（莫里斯，2014）①。

上述这些观点都形成于18世纪，当时欧洲的财富暴涨和实力激增现象迫切需要解释。直到20世纪末，东亚也出现了同样的暴涨现象后，如日本、“亚洲四小龙”等，越来越多的人认识到，仅用长期的文化、环境或种族因素来解释西方成功的理论，肯定是不正确的。

近几十年来，特别是改革开放以来，中国取得了巨大的变化，创造了第二次世界大战结束后一个国家经济高速增长持续时间最长的奇迹，崛起的趋势在国际上已是不争的事实。中国的经济总量在世界的排名，改革开放之初居第11位，2005年超过法国居第5位，2006年超过英国居第4位，2007年超过德国居第3位，2009年超过日本居第2位。2010年，中国制造业规模超过美国居第1位（习近平，2017）。伴随着经济规模的增长，中国大多数经济指标也都实现了数十倍甚至百倍的增长，数以亿计的人口从贫困中被解放出来。

从更长的周期来看，1870年前中国一直是世界最大经济体，甚至到1913年，中国仍是仅次于美国的世界第二大经济体。根据经济史学家麦迪逊（Angus Maddison）的研究，在19世纪20年代，中国的经济总量仍然占当时世界经济总量的1/3，但是，在那之后急剧下降。在1949年中华人民共和国刚成立时，中国经济总量占世界经济总量的比例只有4.2%，到1978

年，当中国开始从计划经济向市场经济转型时，其经济规模只回升到4.9%[①]。2018年，中国GDP占世界GDP的比例上升到15.2%，多年来对世界经济增长贡献率超过30%[②]。

中国的经济规模又一次回归到了世界最前列，这一回归的过程伴随着近代以来政治、社会、文化等各个领域的巨大变迁，伴随着国际经济政治格局在激烈冲突中的重塑，伴随着科学技术革命所引发的各领域深刻变化。在各种变化中，科技创新[③]发挥了怎样的作用，怎样解释这种作用发挥的机制，是回顾这段回归过程必须要回答的问题之一。

2010年以来，联合国教育、科学及文化组织二类中心——国际科学和技术战略研究与培训中心多次组织了面向发展中国家的培训，作者有幸受邀就中国的创新经验做过几次专题交流，有机会对这个命题进行一些梳理。讲课的互动过程中，来自各个发展中国家的学员对中国在科学、技术和创新方面的做法表现出浓厚的兴趣。在后来各种国内外交流中，这种现象也更多地发生，因此作者越来越感受到，有必要在此基础上再进行仔细的思考和总结。

在讨论本书主题之前，需要明确与科技创新相关的一些基本概念。经常听到一种观点，认为在中国的经济发展中，科技创新是属于短板的那一类，中国缺乏创新能力。这么讲不是没有道理，但并不完全客观。创新原本是经济学概念，只要经济实现了发展，而不是单纯的增长，就意味着发生了创新。创新的概念在实际应用中，又是有多种类型的，如科学发现、技术发明、管理创新、商业模式创新等。

---

① 2017年10月27日，林毅夫教授在英国剑桥李约瑟研究院第二届李约瑟年度纪念讲座发表的演讲，演讲全文由王飘怡初译，首发于“财新”。

② 习近平：在庆祝改革开放40周年大会上的讲话，2018年12月18日，新华社。

③ 科技创新包括了科学、技术和创新三个概念，这三个概念在实践中有时也表现为基础研究、应用基础研究、技术开发、实验发展、商业化、产业化等活动。为表述方便，本书有时以“科技创新”作为概述。

说中国创新能力不足的观点，实际上主要说的是中国缺乏基于自主研发的创新，而不是与科学技术有关的、所有类型的创新。因此，中国经济已经明显实现了发展，却说没有创新，是解释不通的。理论和实践发生了冲突，理论解释不了实践，总不能说实践有问题。那么，该怎么解释这个现象？

本书所说的创新，主要是新知识新技术的产生、扩散和应用，以及与之相伴随的各种发展模式、制度的变化。本书的着眼点，就是围绕中国科技创新的实践，从宏观层面探讨几个最重要的经验。要思考成功的经验，首先就要考虑，中国在不同阶段面临的问题是什么，又是如何通过制度设计、实践探索努力解决这些问题的？这是本书中在各章节要反复讨论的重点问题。

需要说明的另一点是，本书主要从经济学意义看待科学、技术和创新的问题。要知道，科学技术既有经济学意义上的功能，也有社会学意义上的功能，还有对人类自身认识的哲学意义上的功能。现实中，特别是在公共政策语境下，讨论科学技术的经济功能较多。这不仅和中国发展的阶段性特征有关，实际上，这一点在各国的发展中也普遍存在，如美国的“国家创新战略”、欧盟的“地平线2020”科研规划等。因为不同国家和地区的人们对依靠科技发展经济、提高社会福利的需求普遍越来越大。

弗里德里茨·李斯特（Firedich List，1789～1846）曾对古典经济学家忽略科学、技术和技能在国家发展中的作用提出批评。他关注的主要是正在赶超英国的德国的问题，以及与欠发达国家有关的一些问题。他支持国家为实现和加快工业化和经济增长制定一系列政策，而这些政策大部分都与掌握和应用新技术有关。借鉴李斯特1841年出版的《政治经济学的国民体系》一书，弗里曼和苏特（2004）结合对日本经验的总结，提出了国家创新系统的概念。

总体上看，中国依靠科技创新实现阶段性成就的核心经验在于，中国拥有一个与自身发展阶段相适应的国家创新体系①。从这个意义上讲，中国甚

① 在理论界被称为“创新系统”，但在中国的政策实践中大多被称为“创新体系”。

至拥有世界上最出色、有效的创新体系之一。这个观点可能有些人不会认同。但本书的意思是，国家创新体系是一个国家的基本属性，人们可以讨论某个或某类指标的国际差异，如论文、专利、高新技术产业增加值等，但却不能简单地量化创新体系，因为这是创新能力背后的综合支撑因素。就好像对不同的学生而言，可以说谁的语文学得好，谁的物理学得好，谁善于学习，谁善于交流，但比较的内容再多，也不宜去简单、直接地总体评价哪个人好，毕竟每个人都是独一无二的。

国家创新体系也是如此，如果从某些具体的指标来看，排在前列的目前无疑都是欧美国家，但并不能简单认为美国、德国的国家创新体系优于中国的国家创新体系。因为客观上，中国的国家创新体系支撑了中国几十年的高速发展。从这个意义上说，考虑到近年来越南经济的快速增长（被誉为近年东南亚发展最快的国家），甚至不能说美国的国家创新体系比越南好。只要适合一个国家或地区的资源禀赋和阶段特征、能够有助于发展的创新体系，对这个国家或地区而言就是良好的创新体系。因此，创新体系之间可以比较、相互借鉴，但不宜下绝对的结论。

关于创新体系的上述理解会不会造成对科学、技术和创新关系的虚无主义理解？这一直是作者思考和担心的问题。经济发展水平差异那么大，创新体系却不比优劣，那为何还关注科学、技术和创新？

对此，从演化的角度有助于理解，即某种特征在一定的发展阶段是优势，但一旦发展进入了新阶段，这个特征可能会成为劣势，创新体系就是一系列特征综合而成的结果，其演化必然非常复杂，具有很高的不确定性。人们关注创新体系，正是要理解这种复杂性和不确定性，并在合适的时候进行一定的干预。这种必要的干预正是创新系统作为一类社会系统和自然系统的重要差异之一。

对于创新体系的理论性描述，可以有很多分析框架。为简明起见，本书只从五个角度进行了经验总结，并进行了整体展望，因此主要内容分为六部分。

第一部分关注中央政府的作用。这种作用，不仅仅在于政府直接做了什么，也包括政府“放开”了什么，特别是通过制度设计不断发挥市场的作用，使那些有经济属性的技术活动（也包括少部分科学活动）按照经济规律运行，使那些有经济属性的技术、人才等资源按照经济规律实现优化配置。

第二部分关注区域间的多样性。这些区域包括各类科技园区、创新型省（市），也包括跨行政区域，如京津冀、长江三角洲、珠江三角洲、粤港澳大湾区等。中国各区域发展环境多样，区域间竞争合作充分发挥了各自的比较优势，进而增加了创新路径的多样性。

第三部分关注科学、技术与经济的关系。这种关系的变化过程也是创新的实现过程。在企业、产业等不同角度，这种关系都呈现了一些后发经济体的共性特征，也呈现了具有中国特色的、复杂多样的比较优势。而且，这种比较优势，从目前的态势来看，世界上还没有哪个经济体可以直接效仿。

第四部分关注中国实现创新的社会文化因素。这些因素包括实用主义、重视教育等，社会文化因素在讨论创新时往往容易被忽略，原因在于它们的作用是间接的、难以度量的、没有多少显示度的。中国文化对于科学、技术、创新的基础性影响，既有稳健、开放、积极的一面，也有浮躁、封闭、保守的一面。

第五部分关注发展的外在环境。中国快速发展的这几十年恰逢经济全球化，但经济全球化的趋势正面临很大的不确定性，涉及产业变革、技术周期、国际分工、国际政治等多种因素。一些中国过去发展所依赖的条件，未来将会减弱甚至不会再出现，中国要立足已有基础，塑造新的比较优势，更加开放、包容地发挥自己在国际上的作用。

第六部分探讨未来需要关注的几个方面，这包括与科技创新有关的历史教训、科技革命的影响、可能面临的挑战和政策选择等。

一个国家实现收入水平提高的路径有很多种。国际上，根据发展类型，通常将各国分为要素驱动型、效率驱动型、创新驱动型三类。一些人口较少的国家依靠自然资源、国际贸易等方式就可以实现国民收入的稳定增长，但对于中国这样大规模的经济体，在人均自然资源相对短缺的条件下，只能通过技术提高劳动生产率和全要素生产率，从而实现经济持续、高质量的增长，进而解决好公共福利、就业、环保等社会问题，这实质上就是创新驱动。

在美国学者阿特金森（Robert D. Atkinson）和伊泽尔（Stephen J. Ezell）所著的《创新经济学：全球竞争优势》一书中，他们认为一个国家的政策目的是，明确地将科学、技术和创新与经济和就业增长联系起来，有效地制定行动计划去参与以创新为基础的经济活动并取胜。如果国家想要在全球创新优势的竞争中取得成功，它们需要一个掷地有声、资助丰厚且可有效实施的创新战略。

中国现阶段的创新战略，就是创新驱动发展战略。习近平在 2014 年 8 月召开的中央财经领导小组第七次会议上强调，实施创新驱动发展战略，就是要推动以科技创新为核心的全面创新。这就意味着科学技术要素将和管理、商业模式等相结合，共同促进中国的创新。

根据中国科学技术发展战略研究院长期监测，中国国家创新指数 2000 年处于第 38 位，2012 年上升至第 20 位，2017 年进一步上升至第 17 位。根据世界知识产权组织发布的全球创新指数排名，中国在 140 多个经济体中，从 2012 年的第 34 位上升为 2017 年的第 22 位，成为唯一进入“前 25 名俱乐部”的发展中国家；2019 年，这一排名又达到了第 14 位。

现在，中国进入了需要更多依靠科技创新来引领、支撑经济发展和社会进步的新阶段，并提出了加快建设创新型国家、世界科技强国等一系列发展目标。能否理解并实现这些目标，对支撑国家整体发展至关重要。中国对科技创新的需求从未像今天这样迫切，回顾过去几十年的经验，也有助于站在更扎实的起点上思考新议题。

目　　录

第三部分　同步调的经济发展

第四部分　深层次的文化基础

第五部分　重塑中的比较优势

第六部分　未来的创新中国

第一部分　强有力的中央政府

作为一个国家总体的、综合性的科学技术发展长远规划，我国的这个“12 年规划”，在全世界是第一个。后来许多国家都逐渐认识到，一个国家科学技术发展，需要有长远的规划考虑。

——吴明瑜

导读：

从政治学的角度，一个政府的统治能力，就是这个政府在国防、征税、官僚机构构架、维持社会秩序、提供基本公共服务等方面的能力。历史上，唯有那些能够最大限度军事动员、控制和管理生产以及汲取社会资源的政权能够“适者生存”（福山，2014）。福山（2014）认为，没有一定的国家能力去贯彻法律，法治只能是一纸空言；而没有一定的国家能力作为基本秩序的维护者，民主很可能成为民粹的狂欢。进而，他认为政治发展有三个维度：国家建构、法治和问责。

“马尔萨斯的世界”——缺乏科技革命的农业社会和“后马尔萨斯的世界”有着根本不同。在“马尔萨斯的世界”，国家建构在政治各维度中显得格外重要：粗放型的经济增长和安全保障，往往依赖于对土地的征服和人口的掠夺，而占领土地和掠夺人口则依赖于强大的国家能力。但在“后马尔萨斯的世界”，无论是经济增长还是安全保障，都更多地依赖科技创新和资本聚集，而科技创新与资本安全则更多地依赖法治和问责制（福山，2014）。这使得政府在促进发展方面的角色发生了很大变化。

两个“马尔萨斯的世界”的分界，是技术革命引发的工业革命。工业革命以来，人类社会已经逐步进入以科学技术知识为核心资源的现代化发展阶段。人类社会从重商主义进入工业经济时，经济重心从贸易转向生产；从工业经济向知识经济演进时，经济重心从生产转向发现、发明和创新（胡志坚和李哲，2018）。从国家视角看，传统经济条件下，当资本的边际收益递减到一定程度，单纯依靠资本积累并不能实现人均财富增长，反而可能落入“收入陷阱”①，必须要借助新的科学技术知识的生产和配置不断打破旧均衡，实现新均衡，逐步进入现代化经济发展阶段。因此，科学技术知识在经济活动中的生产和配置能力决定着一个国家的经济发展现代化程度和运行效率。从国际视角看，国际竞争格局的重大转变始于工业革命，全球地区间普遍存在的收入差距也始于工业革命②。科学技术知识的生产和配置能力，成为全球经济“丛林”中“适者生存”法则的重要影响因素。后发国家在进入现代化经济发展阶段，特别是接近先发国家“生态位”的过程中，面临着更加激烈的国际竞争，而赢得竞争的关键就是创新能力，也就是科学技术知识的生产能力，以及把这些知识配置到经济活动中的配置能力。

发挥作用的不单单是科学技术自身，也包括与它们同步演化形成的系统。费尔普斯（2013）在《大繁荣：大众创新如何带来国家繁荣》一书中这样写道：我们得到的结论是，无论是激动人心的发现之旅，还是伟大的科学发现及其带动的重大发明，都不可能是西欧和北美的起飞国家在19世纪出现生产率和工资水平迅速而持续攀升的原因。经济知识在19世纪的爆炸式增长一定是某种全新的经济形态出现的结果：只要这种经济机制能维持有效运转，就可以长期促进自主创新。费尔普斯（2013）直接提出，这种经

① 不仅仅是中等收入，高收入、低收入等不同收入水平的经济体都有可能落入“收入陷阱”，其本质在于劳动生产率的水平与社会平均福利水平的关系。如果前者增长的速度低于后者，无论哪种收入水平，都有可能落入“收入陷阱”。

② 林毅夫在英国剑桥李约瑟研究院演讲中认为，技术创新速度和产业升级速度的提高是工业革命的本质内涵。工业革命之前，所有社会或文明中的技术创新都来自农民或手工艺者的经验。18世纪中叶工业革命之后，技术创新主要来自实验室里的研究和实验。19世纪之后，技术创新不仅来自实验，还来自科学理论指导下的实验。在实验室，科学家能在一年中做成百上千次实验，而这原本可能需要农民或手工艺者穷其一生去完成。1978年以来，中国发挥后发优势，通过现有的产业内不断的技术创新，以及新的、附加值更高的产业不断涌现，将劳动力和各种资源从附加值低的产业重新配置到附加值高的产业，1979～2004年中国年均GDP增长率达9.6%。

济机制就是人类历史上第一批现代经济，其巨大的经济活力使它们成为现代史上的奇迹。

在知识经济时代，科学技术是一个国家的战略资源，也是一定程度上的公共资源。分析政府在科学、技术和创新方面的作用，对理解一个国家的发展历程、竞争力都至关重要。政府不仅决定着科技投入、基础设施建设，更重要的是，还决定着制度和政策环境。

讨论中国政府在科学、技术和创新方面如何发挥作用，要关注几个基本问题：①政府为什么要关注科学技术引发的创新，政府干预科学、技术和创新的理论基础和政府干预一般经济活动的理论基础是否相同？有无特殊性？②政府如何干预科学、技术和创新活动？在这个过程中，哪些政府该管，哪些政府不该管？科技创新方面的“适者生存”从公共治理角度如何表现？③对于该不该管，往往没有“非黑即白”的答案，那么，两者的动态边界在哪里？如何防止过度政府干预对市场的破坏？带着这几个基本问题，再看中国的科技创新实践，会有更直接的体会。

第一章　政府角色

对于在科学技术基础上实现的创新，政府起着不可替代的作用。这种作用并不是与生俱来的，从历史发展来看，政府对科学的关注伴随着科学共同体的形成①和地理大发现②。而政府对技术的关注，则是伴随着工业化大生产和社会分工。在之前的自然经济、封建农业经济条件下，科学观测或技术改进虽然存在，不是非系统化、建制化的，并且和经济增长也缺乏直接的联系。

现代科学和技术真正进入政府公共管理的视野，是源于国际贸易分工、产业分工及军事竞争等原因。随着科学和技术的发展，科学研究工作的规模越来越大，社会化和专业化是必然的趋势。把实验室从科学家私人住宅中扩展出来成为一个研究单位，这种做法顺应了 19 世纪后半叶工业技术对科学发展的要求，对科学研究工作的开展起到很好的促进作用。例如，英国卡文迪许实验室③的建立和美国国家实验室的建立。政府对科学研究机构、科学

---

① 1660 年，英国皇家学会成立，它被认为是世界上第一个科研机构，云集了当时欧洲各个学科领域的顶尖学者。这个标志性的事件，使有关科技的政策有了发起者，也有了实施对象。

② 地理大发现间接影响了科学研究活动。1500 年后，政府和财富拥有者开始将大笔资金投入科学研究，这种投入并不是单纯为了学术，而是要配合和服务于帝国主义的扩张和资本主义的发展。

③ 剑桥大学的卡文迪许实验室建于 1871 ~ 1874 年，是当时剑桥大学的一位校长威廉・卡文迪许私人捐款兴建的。他是 18 ~ 19 世纪对物理学和化学做出过巨大贡献的科学家亨利・卡文迪许的近亲。据记载，当时用了捐款 8450 英镑，除盖成一栋实验楼馆外，还买了一些仪器设备。

研究人员、科学研究活动的支持逐步纳入了公共政策的范畴。

第一节　政府促进科技创新的基本功能

要理解政府在科学和技术中的作用，一般要从市场失灵和系统失灵说起。市场经济规律表明，市场是配置资源的基本方式，也是最有效的方式，但在一定条件下，市场失灵需要政府干预，如公共物品供给、信息不对称、财富分配失衡等引起的市场失灵。新古典经济学政府干预市场的思想，就是建立在市场失灵的理论基础上。

在科学、技术和创新三个领域中，对科学的资助本身就是政府的公共职能之一，这种理念从20世纪中叶开始已逐渐成为共识。1945年，美国发布的报告《科学——没有止境的前沿》，就是这种理念的代表。与科学、技术和创新直接相关的国家创新系统理论，更强调科学技术知识在系统中的流动，强调科技创新是系统中各个主体相互作用的结果。各学派关于政府的作用的观点迥异，但对政府应当发挥的作用有基本共识，争论主要集中在政府的作用发挥的范围和程度上。这就把政府制定政策的注意力从单纯注重市场失灵拓展到既重视市场失灵又重视系统失灵，系统失灵具体又包括供给失灵、转型失灵、制度失灵三种情况。

1）供给失灵。从系统观点来看，企业实现创新需要两类基础资源的供给：一类是物质基础设施，包括通信设施、能源、数据等；一类是知识，包括高技能人才、科研机构、知识网络等。供给失灵指企业与两类基础资源缺乏紧密联系和有效互动，如基础应用研究和产业界的研发活动不匹配、技术转移运作不畅等会严重阻碍知识流动，影响企业创新活动的开展。再如，产业共性技术具有公共物品或准公共物品属性，但大多数共性技术的研发十分复杂，一般企业对共性技术投资不足、研究开发效率低下，使其在完全的市场机制调节下可能无法实现。供给失灵时，即使存在市场机制，也需要政府进行必要的干预。

2）转型失灵。转型失灵指企业或产业部门无法摆脱现有的技术经济范式，如企业总是专注于自己擅长的技术领域，而对其他技术领域缺乏应变能力，原因在于其连入知识网络、技术吸收等方面的能力缺陷。在产业层面，新技术不但要与旧技术竞争，还要和孕育整个旧技术的系统竞争，单靠税收等政策工具难以解决这种技术发展路径的“锁定”，需要来自系统外部的力量产生激励，孕育新的技术系统（胡志坚，2000）。

3）制度失灵。制度的不健全会促使创新资源无法达到最优化配置状态，严重影响创新活动和绩效。以国家创新体系为基础的制度设计，强调企业间企业与公共研究机构间的合作，以及通过知识产权、成果转化、劳动力市场、定价等制度来促进这些合作。

政府不仅要解决市场失灵问题，也要解决各种系统失灵问题，政府要与市场一道，对科学技术资源进行配置。一个国家要想发展科学技术，并通过它们提高竞争力，要考虑的是在不同领域、不同阶段对科学技术要素采取适应的配置机制。从创新链（由科学研究、技术发明、商业化不同环节组成的形象化的链条）的角度，一般越后端越需要依靠市场机制。而对于存在市场失灵、系统失灵的领域，政府要发挥其在科技基础条件供给、路径选择（此为争议较大的领域）、体制机制改革等方面的作用。

与政府角色相关的理论基础，除国家创新系统理论外，还有治理理论和科研管理理论。

治理理论兴起于20世纪90年代，在各国政府改革运动、全球公共治理和全球公民结社运动三股潮流的推动下，理论界开始重新反思政府与市场、政府与社会的关系问题。治理理论既是对福利经济学关于市场失灵理论的超越，也是对公共选择理论关于政府失败论①的超越。其中，代表性的观点包

① 公共选择指政府提供什么样的公共物品，怎样提供和分配公共物品，以及设立相应匹配规则的行为与过程。政府失败则指个人对公共物品的需求在现代代议制民主政治中得不到很好的满足，公共支出成本规模过大或者效率过低，政府的活动达不到预期目的。

括早期匈牙利裔政治经济学家卡尔·波拉尼（Karl Polanyi，1886～1964）的社会秩序理论和美国政治经济学家埃莉诺·奥斯特罗姆（Elinor Ostrom，1933～2012）的多中心治理理论，后者因此获得2009年诺贝尔经济学奖。

在多中心治理理论中，政府的角色更多体现为制定宏观框架和参与者的行为规则，同时运用经济、法律、政策等手段为公共物品的提供和公共事务的处理提供依据和便利。与管理强调的自上而下的纵向管理、单向管理、垂直管理不同，治理既包括各方面的科学管理，也包括法治、德治、自治、共治等内涵。

在关于治理的各种定义中，全球治理委员会（Commission on Global Governance）在1995年发表的《天涯成比邻——全球治理委员会的报告》中将治理界定为各种公共部门、私人部门、个人管理其共同事务的诸多方式的总和①，认为治理是使相互冲突的或不同的利益得以调和并且采取联合行动的持续过程。治理的目的是在各种不同的制度关系中运用权力去引导、控制和规范公民的各种活动，以最大限度增进公共利益。

治理的基本要素包括治理主体、治理对象、治理工具等方面。与科学、技术和创新活动相关的治理主体，除了政府以外，还包括其他各种公共组织、民间组织、非营利机构、企业、行业协会、科研学术团体和社会中的个人等。与科学、技术和创新活动相关的治理对象包括现实生产生活中涉及的各类事务和活动。与科学、技术和创新活动相关的治理工具既包括基础的法律法规，也包括各类政策和行政管理措施，还强调各种机构、团体之间自发形成的、稳定的、平等的协作关系。

在科研管理理论方面，随着科学技术向经济社会全面渗透，全球经济增长模式发生深刻变革，科研管理的方式也在相应调整。传统的线性创新理论把创新过程理解成单向创新链，在这样的理论指导下，科技宏观管理者把从

---

① 也有学者认为，治理的基本含义是官方的或民间的公共组织在一个既定的范围内运用公共权威维持秩序，满足公众的需要。

科学发现到商业化的过程①看作一种线性过程，一种自发的过程。由此造成的不良后果之一是，人们在管理实践中容易忽略各创新主体之间的信息反馈，割裂科学、技术、创新三者之间的互动关系。政府更多地关注科研系统内部，政策也以研发政策为主，难以对各种创新主体良性互动和科技成果商业化有直接而全面的认识。

新技术与新经济使社会经济组织结构向扁平化和网络化发展的同时，也对政府的管制和调控模式产生了深远影响。在科研管理实践中，政府逐步认识到应从研发管理走向创新管理，而创新管理既要覆盖创新链的所有环节，又要符合科学、技术和创新三方面的规律，这样才能保证系统有效，实现各类要素价值的最大化，使科学、技术作为经济要素配置到生产活动中，最终形成价值。

综上所述，政府在科技创新中需要处理好两方面关系：①处理好科学技术系统与外部环境的关系，如面向经济建设和社会发展，保证科学技术发展与经济建设、社会发展相协调，使科技体制与经济体制及其他体制相适应；②处理好科学技术系统内部各环节、各方面的关系，包括处理基础研究、应用研究、试验发展之间的关系，处理不同学科之间的关系，处理共性技术研究开发和专有技术研究开发之间的关系，处理经济领域不同部门、不同行业科学技术发展的关系，以及处理不同地区间科学技术发展的关系等。

第二节　政府和市场发挥作用的平衡点

在谈到政府时，就不能不谈政府和市场的边界问题。美国学者查尔斯·林德布洛姆（Charles Lindblom，1917～）在《政治与市场：世界的政治-经济制度》一书中指出，一个政府同另一个政府的最大不同，在于市场取代

① 也可表述为从基础研究、应用研究、实验开发、成果转化最终到商业化的过程，这种差异更多表现在政策概念的表述方面，并无根本性差异。

政府或政府取代市场的程度。所以政府与市场的关系，既是政治学又是经济学的核心问题（吴晓波，2015）。从组织管理的视角看，这意味着一个国家的科技创新治理，需要从“自组织”① 与“他组织”之间，找到一个合适的平衡点。依靠市场而进行的创新资源配置具有“自组织”的特点，而“他组织”更强调政府在资源配置方面的作用。

中国在科技创新领域的历史经验主要体现为一种相对意义上的“他组织”，即政府对创新活动的主动设计，这与欧美国家有较大的不同。但无论何时，政府职能一直都聚焦在两个方面：①提供公共物品，包括基础科学、共性技术、科技条件平台等；②克服市场失灵，通过法律法规、行为规则等制度建设，降低创新风险，重点在于解决企业的“搭便车”问题。

从国际上看，20 世纪以来，各国政府都在实践层面上进行探索，在把握政府的定位上，历经了信奉市场的自由主义，强调政府作用的凯恩斯主义，以及 90 年代新自由主义的回潮。例如，很多国家政府讨论相关议题的原则之一就是，只要是企业可以做的，政府就不要去做。

2008 年全球金融危机以来，各国对政府市场关系有了新认识，开始重新审视政府对创新的促进作用。技术革命的前景、新兴国家的崛起等因素再次激发起欧美主要发达国家政府对市场的积极干预，形成了政府作用与市场作用此消彼长的变化趋势。为克服危机、恢复经济活力，欧美主要发达国家政府除采取货币政策、财政政策等传统经济调控手段外，都对科技创新和新兴产业的培育高度关注。例如，美国于 2011 年提出“美国国家创新战略”，将培养一流劳动力、保持基础研究领先地位、建设先进科研基础设施作为战略重点；德国政府于 2013 年启动“工业 4.0”战略；欧盟也于 2014 年启动“地平线 2020”科研规划，进一步加强对成员国科技创新的支持。

---

① 无论是生物、气象等自然系统，还是社会系统，自组织都是复杂系统的重要特征之一，对复杂系统的研究是当代科学研究的热点领域。

值得注意的是，在试图通过科技创新提振经济的过程中，发达国家政府普遍采取较为主动的态度，对新自由主义经济思想进行深刻反思。发达国家重新审视政府对创新的促进作用，不单是为摆脱金融危机影响，也是因为受到来自中国、印度等新兴经济体科技创新能力快速提升、全球技术经济竞争格局更为激烈的压力。

特别是2008年全球金融危机以来，欧美主要发达国家对科技创新的关注已经远远超越基础研究和应用基础研究领域，拓展到产业技术开发领域，如美国、英国等的政府设立技术应用开发机构，试图弥补政府对创新链中后端机构性的投入不足。2012年，美国创建国家制造业创新研究网络（National Network for Manufacturing Innovation，NNMI），由联邦政府出资10亿美元，在10年内创建15个制造业创新研究所①（Intelligent Manufacturing Institute，IMI），每个IMI得到联邦政府资助7000万美元以上，非联邦政府及其他机构以大于1∶1的比例提供配套资金。2010年，英国宣布将在2011～2015年间在高端制造、卫星应用、近海可再生能源、细胞治疗、未来城市等领域设立弹射创新中心，资金采用财政稳定支持、竞争性项目和企业研发合同各占1/3的筹资方式。2013年开始，巴西政府也投入2亿美元，在全国范围内建设20家以上技术创新中心，为新兴产业发展提供共性知识和技术，为中小企业技术升级提供近距离支撑。

可以看出，近几十年来，中国、英国、美国等国家在政府作用强弱变化上出现相向运动的趋势，都在寻找一个适合本国的平衡点，其标准是提升国家的创新效率或发挥创新对经济增长的作用。这一标准是实践上的，不是理论上的。近年来，中国的创新效率不断提高，创新对经济增长的作用日益增

---

① 这些研究所想集成三重角色：实体化的联盟、公私合作模式下的基金、网络化的工程中心。这反映了技术和产业变动下美国民主党政府的姿态和行动取向。但这些研究所所能供给的，不一定是美国重返制造业所最缺乏的要素，其发展前景确实难以简单判断。不过这些做法对中国的计划改革、创新联盟、非营利机构等都有启发。

强，表明中国的改革取得实效，今后需要进一步改革，探索经济新常态条件下政府与市场的平衡点，进一步提升创新驱动经济增长的作用。

第三节　举国体制：特殊情景下的政府角色

谈及中国的经验时，举国体制是一个重要的话题，其本质涉及政府和市场的关系。中华人民共和国成立后科技创新领域的举国体制，最典型的案例莫过于“两弹一星”。发挥举国体制的优势推动科技创新，是中华人民共和国成立以来重大科技活动组织实施的重要经验。在社会主义市场经济条件下，举国体制是否仍行得通，如何理解和组织重大科技创新任务？中国一直在探索这个问题的解决策略。

举国体制往往被用来概括体育界的工作体系和运行机制，用于统一动员和调配全国资源来夺取比赛运动的好成绩。举国体制也存在于国防建设、突发事件应急处理、重大工程建设等众多领域，如“两弹一星”、抗疟药物研制、载人航天工程等。

举国体制在科技领域也被世界各国广泛采用，如美国的曼哈顿计划、阿波罗登月计划、导弹防御系统，以及日本的第五代计算机系统、高清晰模拟电视系统等重大研发都采用了举国体制。同时，人类越来越需要共同面对能源、环境、健康、人口等领域的重大问题，这些问题的复杂性和解决这些问题所需的人力、物力的规模性往往超出一个国家的能力，国家需要开展国际科技合作。多国政府共同参与的国际大科学计划和大科学工程逐渐增多，如人类基因组计划、伽利略计划、国际空间站计划和国际热核聚变实验堆（International Thermonuclear Experimental Reactor，ITER）计划等。

基于过去的成功，各界对举国体制存在着一种泛化的倾向，即认为集中力量就能办成事，但举国体制有其特殊性、局限性和适应性。从本质上看，举国体制是一种国家行政力量集中配置资源以保证国家目标实现的组织制度安排，其特殊性在于能够将有限的资源快速向战略目标领域动员和集中。

举国体制的特殊性也决定了其实施面临的局限性。在计划经济条件下，政府处于资源配置的主导地位，在宏观和微观方面发挥调控资源配置的职能；在市场经济条件下，企业处于资源配置的主导地位，充分发挥市场作用。举国体制意味着权力趋于集中，而市场体制意味着权力的分散，两种体制对资源配置都有边界和限制条件。认识中国在科技创新方面的举国体制，一方面不能片面地理解举国体制是类似“计划”的方式，忽视市场在资源配置中的基础性作用；另一方面要承认政府在资源配置中的行政手段和政策设计使资源得到了优化配置。

举国体制也在适应经济社会发展的环境变化。改革开放以来，举国体制存在的环境已经发生变化，市场经济条件下的经济和科技体制正逐步完善，为新型举国体制的实施创造了条件。①现代市场体系和宏观调控体系不断健全，市场对资源和要素流动要发挥决定性作用，为举国体制中运用市场机制和手段奠定了基础；②以企业为主体，产学研结合的技术创新体系不断完善，企业创新的意识和能力明显提高，如 2000～2017 年，中国企业 R&D① 经费支出占全国 R&D 经费支出的比例已从 60% 上升到 77.6%，由企业主导重大任务的条件更成熟。

在新的经济社会条件下，新型举国体制在国家科技重大专项、三峡工程建设、高速铁路科技创新等方面取得了良好效果，在政府作用、项目组织和项目性质方面与计划经济条件下的传统举国体制也有所区别（表 1-1）。

表 1-1　新型举国体制与传统举国体制的比较

类别	具体内容	传统举国体制	新型举国体制
政府作用	与市场的关系	政府替代市场	两者相互补充
	资源配置手段	行政指令	契约或协议
	参与方式	直接管理	引导协调

① R&D：research and development，即研究与开发。

续表

类别	具体内容	传统举国体制	新型举国体制
项目组织	项目立项	国家利益	公共利益（多因素）
	运行机制	计划机制	市场机制
	资金来源	全部政府出资	政府投资带动社会投资
	管理系统	一次性	形成常态化管理系统和制度体系
项目性质	目标导向	政治导向	市场导向
	经济收益	无直接经济效益	有直接经济效益
	任务分解	相对单一	相对复杂，且随市场需求变化
	项目用户	政府	政府、企业、个人等

资料来源：李哲和苏楠，2014

政府配置资源是举国体制特征之一，但在新型举国体制下，政府配置资源的范围、手段和方式都与传统举国体制有所不同：①在配置范围上，新型举国体制下的政府更多地在市场失灵的领域替代市场实现对资源的有效配置，在市场经济效率低的领域发挥对资源配置的主导作用。②在资源配置手段上，企业是科技项目的参与主体，政府与之不具有行政隶属关系，企业与政府间的委托代理关系依靠契约或协议实现。③在参与方式上，政府主要发挥引导协调作用，通过发起项目和制定政策引导全社会资源向目标方向集中，通过制定组织管理规则协调各方利益，通过监督规范参与方行为。

新型举国体制在项目性质上也有所变化：①在目标导向上，传统举国体制的目标具有政治导向，通常是带有国家目标的政治任务，政府也是项目产出的唯一用户；而新型举国体制的目标具有市场导向，注重项目的技术前景和市场价值，项目产出也将面对政府、企业、个人等众多市场用户。②在经济收益上，传统举国体制的产品不直接面向市场，通常不产生直接经济效益；但新型举国体制则紧密结合经济社会发展的重大需求，进行重大工程建设、关键共性技术和重大产品开发，这不仅为参与单位带来直接经济收益，而且通过提高经济效率和促进新兴产业发展创造了巨大的社会经济效益。

两种举国体制在项目组织方面包括以下不同：①在项目立项上，传统举国体制单纯以国家利益为目标，不考虑成本等其他经济和社会因素；新型举国体制要考虑经济和社会方面的投入和产出、国际竞争等，并建立了相应的项目规划和立项制度。②在资金来源上，新型举国体制较传统举国体制具有更多渠道，除了政府财政投入外，还有社会投入，如在“十一五”期间，国家科技重大专项共带动社会投入约 1000 亿元。③在运行机制上，新型举国体制引入了市场机制，如通过严格的招投标制度，遴选项目承担单位。④在管理系统上，与传统举国体制项目的一次性不同，新型举国体制不断引入项目管理的方法，形成了常态化管理系统和制度体系，如国家科技重大专项形成了由管理规定、资金管理办法、知识产权管理规定、验收管理办法等一系列管理制度构成的管理体系。

对于采取举国体制进行组织实施的重大科技活动，中国政府以现有科技创新政策为基础，在项目决策、责任、研发组织、利益分配等机制方面的探索中形成了对应的管理机制，更充分地体现了举国体制的特点和优势。例如，在项目决策机制方面，基于技术成熟度、经济效益等开展综合论证；在项目责任机制方面，结合法人责任制等措施，探索建立项目经理制度；在研发组织机制方面，体现以技术系统为基础的分工；在利益分配机制方面，基于股权结构实现利益分享；在预算与成本控制机制方面，完善科技预算制度，实施以成本为中心的过程控制；在进入与退出机制方面，探索以商业合同为基础的采购制度；在政策激励机制方面，进行一体化政策设计，提供明确的市场信号。

第二章　创新体系

如果要选择中国科技创新成功的最重要的一项原因，那无疑是中国政府的作用。中国政府对创新的作用，是第一章所述理论的现实反映。中国政府根据经济发展的不同阶段，在从计划经济向社会主义市场经济转变过程中，与时俱进地调整着政府发挥作用的重点和方式。

一个经济体中，与科技创新有关的组织构架有两类：一类是科研体系，一类是创新体系。两者联系密切，相互交叉，互为基础，但也并不相同。科研体系由科研机构、高校等组成，要解决科学发现、技术发明问题。科研体系最初在欧洲形成，相关的科研机构和个人开始获得政府和各类资金的支持，这是一个自上而下与自下而上相结合的过程。创新体系则涉及更广泛的经济活动，并不特别关注那些纯粹的、很难预见现实应用价值的基础理论。

第一节　科技发展基础的建立

中国政府在科技创新中的作用，体现在科技发展基础的建立上。从第一次鸦片战争（1840～1842 年）到中华人民共和国成立（1949 年），这一时期现代意义上的科学技术在中国开始生根发芽，但科技组织不成体系，科技活动不成规模。因此，当时中国政府在科学技术方面的首要任务，就是建立一个最基本且相对完整的科研体系。

在此背景下，中国政府迅速建立了国家级科研机构和科技管理机构，

1949 年 11 月 1 日成立中国科学院，1956 年成立国家科学技术委员会（现科学技术部），之后又相继成立中国科学技术协会等机构。此后，中国政府又逐步建立各类行业科研院所，以及各种重点实验室、工程技术研究中心、工程实验室等，也包括分布在大学的各种科研力量。再后来，随着改革开放的深入，一些企业开始意识到依靠技术改进提高生产效率或产品利润率的重要性。

在具备一定的资本积累，有能力进行研发投入的企业中，研发活动开始出现。在这些企业中，大部分企业或是自行组织研发，或是委托科研院所、高等院校进行研发，少部分企业开始在内部建立相对独立的研发机构，如各类研究中心、企业研究院等。中国政府虽然一般不会直接干预企业内部科研机构的建立，但前期在政策上进行了引导，也通过项目支持等方式对企业的科研活动给予了必要的资助。

这些机构共同构成了中国科研活动的基础。这种科研活动基础早期的建立是在计划经济条件下发生的。虽然学者对计划经济时期存在争议（吴敬琏等，2013），但对于科研活动的基础而言，计划经济的贡献是不争的事实。其历史意义在于，这个时期中国完成了科学技术的原始积累，适应了由农业国变成工业国进程中对科学技术要素的需求。科学技术要素不能依靠掠夺、依附来获取，只能依靠自身的学习、吸收和积累来获取。

围绕青藏铁路建设的科学积累是最好的例子。青藏铁路由西宁至拉萨全长 1956km，其中海拔在 4000m 以上的路段长 960km，位于多年冻土区的路段长 550km，翻越唐古拉山的路段的最高点海拔为 5072m，是全球海拔最高和线路最长的高原铁路，被称为穿越雪域高原的“天路”。“天路”建设的背后，是长达半个世纪的勘查和历经“三次上马、两次下马”的艰辛。而半个世纪的勘测工作和“三上两下”的艰难论证，都聚焦于同一个技术难题——高原多年冻土。

针对这个技术问题，以冻土工程国家重点实验室、中铁西北科学研究院有限公司（原铁道部科学研究院西北分院）、中铁一局集团有限公司为核心的科研基地，为青藏铁路工程的顺利进行提供了决定性的科研支撑。这三家科研基地对应基础研究、应用研究、工程技术研究三个环节，充分利用各自领域的多年技术积累，通过协同攻关、优势互补，攻克了高原多年冻土这一国际性难题。

在三家科研基地中，最具代表性的是原铁道部科学研究院西北分院设立的风火山冻土观测站（简称风火山观测站）。风火山观测站海拔为4750m，始建于1961年，是世界上唯一全年值守时间最长、观测项目最多、取得数据最多的高原冻土定位观测站。几十年来，风火山观测站积累了冻土科学研究所需的关于气象、冻土、工程水热变化的大量基础数据，为铁路建设与维护、光缆和输油管铺设提供了大量基础数据资料。

第二节　制度化和体系化

在有了基础后，中国政府还在推动两项重任，即科技创新的制度化、体系化。制度化主要是政策法规体系的建立，体系化是国家创新体系的建立和完善。这两项任务是任何国家的政府都需要和正在做的，而中国政府的不同之处在于在开放条件下，中国政府针对规模如此庞大的科技资源，用极高的效率在极短时间内完成了这一过程。

人们也许对中国科技创新活动的规模、影响已习以为常，但要知道，这都是在短短几十年内发生的，同样的过程在欧美国家往往经历了百年时间。中国这种演化时间上的特点在韩国等国家的快速发展中也有所体现，某种程度上，这都得益于后发优势。但中国整体经济规模如此庞大、领域分布如此全面的快速发展，很难找到与其类似的。也就是说，第二次世界大战结束以来，除中国外，还没有一个规模庞大的经济体在科技创新方面发生了如此巨大而迅速的变化。

科技创新的制度设计涉及各个方面，如科研人员、技术研发、科研体系、科技成果等方面，每一方面都有自己的演进逻辑。例如，在技术引进方面，中国政府在不同发展阶段都给予了很高的重视，不定期地实施技术引进措施。改革开放以后，中国政府更是通过系统的制度设计为市场化的技术引进提供保障，1985 年，中国颁布《中华人民共和国技术引进合同管理条例》；2001 年加入世界贸易组织（World Trade Organization，WTO）后，根据国际贸易规则发布《中华人民共和国技术进出口管理条例》《中华人民共和国知识产权海关保护条例》。此后，在鼓励技术进出口的同时，出于国家安全等因素考虑，中国于 2009 年发布了《禁止出口限制出口技术管理办法》。

科技创新制度化不仅限于科技创新制度自身发展，那些与技术进步有关的基础性制度也进行着大幅度的调整，如 1985 年以来面向企业的、微观层次的法律制度的快速调整体现了政府对先进技术设备的关注，具体体现在《中华人民共和国中外合资经营企业法》《中华人民共和国外资企业法》《中华人民共和国公司法》等法律中。

科技创新体系化是指政府主导建立与发展阶段相适应的国家创新系统①，尽管在当时这一概念还未出现。某种意义上，创新体系形成的过程，就是科学、技术要素向经济体系导入的过程，这种过程在前几次工业革命中往往是自发的。第二次世界大战后，日本政府和行业、大企业等一道，依靠技术引进、产业投资、国际贸易等政策实现了经济飞跃，日本的经验被学者总结为国家创新系统理论。

在中国的实践中，政府首先建立科研体系，然后逐步完善创新体系。以

---

① 国家创新系统在政策应用中被称为“国家创新体系”，体系本身是个演化的概念，因此用“建立”或“建设”的表述从研究角度有些牵强，但用于政策表述中则更容易体现政府的立场和决心，也便于人们对一些政策措施的理解、执行。

1998 年启动国家创新体系试点为分界线，这一过程大致可分为国家科研体系建设阶段和国家创新体系建设阶段。1998 年 6 月，国务院决定由中国科学院先行启动知识创新工程并作为国家创新体系建设试点。2006 年，《国家中长期科学和技术发展规划纲要（2006—2020 年）》首次将建设国家创新体系作为科技发展的重点任务。2012 年，《关于深化科技体制改革加快国家创新体系建设的意见》突出确定企业为技术创新主体的主要目标。2016 年，《国家创新驱动发展战略纲要》提出建立的“一个体系”就是国家创新体系。

国家创新体系不仅是指导工具，也是观测一个国家科技与经济结合基本状态的理论工具。在实践应用中，大部分国家是以国家创新体系为基本框架设计指标体系，观察本国在科技创新方面的整体运行状态，并由此形成对国家创新能力、效率的判断，如德国、英国、加拿大、澳大利亚①等。经济合作与发展组织（Organization for Economic Cooperation and Development，OECD）、世界知识产权组织（World Intellectual Property Organization，WIPO）、世界银行（World Bank，WB）等国际组织进行国别竞争力评价时，也将创新体系作为指标设计的理论基础之一。

创新体系建设的内容，主要包括各类公共科研机构、企业间的相互联系；各种科技创新资源的开放流动，包括科技和教育、科技和产业、科技和金融、科技和贸易、中央和地方、民用科技和国防科技等各板块间的协调互动。在完善国家创新系统上，中国政府保持着持续大规模的能量“输入”。仅从研发投入的角度，就可以看到这种惊人的作用。

根据《国家创新指数报告 2015》，按不变价计算，2000～2014 年，中国研发经费年均增速为 16.4%，大幅度领先其他国家，同期排在第二位、第

① 2008 年以来，澳大利亚从整体效率、商业创新、公共部门、人才和技能培养、税收政策与创新等方面对国家创新体系进行总结。

三位的国家分别是韩国（9.2%）和印度（7.8%）。过去几十年，中国政府针对不同类型的科技活动，组织实施了国家自然科学基金、国家高技术研究发展计划（863计划）、国家重点基础研究发展计划（973计划）、国家科技重大专项、火炬计划、星火计划等世界知名的科技计划，加强了对科学技术的基本供给。

第三节 持续推进的改革

体系不仅要建立，也要调整。特别需要关注的是，中国政府对科技的重视，从最初就是放在经济发展框架下考虑的。在体系调整过程中，中国政府根据发展需要及时主动地从上至下调整生产关系，这一做法就表现为一轮轮的改革。为什么强调体系调整的作用？其意义在于，在各种经济系统、科研系统条件下，随着技术进步带动生产能力的提升，各方面的管理方式、商业模式都要随之调整。

这种变化，用马克思经济学理论来说就是，生产力决定生产关系，生产关系反作用于生产力，为了发展就要不断发展生产力、调整生产关系。用创新理论来说就是，随着科学技术的进步，相应的技术经济范式会发生变化，实现创新所需的各种要素会发生新的组合，使生产函数达到新的动态平衡，这期间伴随着相应的制度变化。

针对科学技术进步，虽然生产关系同样需要调整，但欧美国家主要是通过自发的试错来实现的。在科技创新治理过程中，欧美国家的政府很少开展大规模、系统性的改革设计。相对于欧美国家，中国政府在科技创新治理过程中，是每隔几年就要主动设计和推动科技体制改革。例如，1978年的科学的春天、1985年的科技体制改革、1995年的科教兴国战略、2006年的《国家中长期科学和技术发展规划纲要（2006—2020年）》、2012年的《关于深化科技体制改革加快国家创新体系建设的意见》和2016年的《国家创新驱动发展战略纲要》，都是由中央政府发起并推动的以科技创新活动各参与方为主要对象的大规模生产关系调整。

科技体制改革往往是迅速、有力的。比较典型的案例是隶属中国政府的科研院所的改革。20 世纪 90 年代，中国在科研机构管理中面临的主要问题是计划经济体制下的结构性问题，如五路科研大军（中国科学院、高等院校、部委研究机构、地方研究机构、军口研究机构）互不通气，各自为政，造成研究项目低水平重复；研究机构和生产机构脱节，造成科研成果得不到转化。从科技宏观管理的角度，改革需要从体制上对资源进行重新配置。因此，1999 年，以国家经济贸易委员会管理的 10 个国家局所属 242 个科研机构向企业化转制为突破口，中国科研院所体系进行了大幅度调整（王一娟和张建平，1999）。242 个科研机构自主选择改革方式，转变成科技型企业、整体或部分进入企业或转为技术服务与中介机构。这次改制直接涉及全国 27 个省（自治区、直辖市）的 17 万职工。其中，离退休职工 5 万多人，科技人员 7.4 万人，共占中央直属科研机构职工总人数的 2/5。

另一个案例是国家科技计划的整合。中国政府科技投入的布局涉及 20 多个政府部门，是各界长期关注但协调乏力的领域。2014 年，中国政府将中央财政投入形成的 100 多项国家科技计划重新组合形成五大类，很多知名的国家科技计划如 863 计划、973 计划都已被整合。

事物的发展往往具有惯性，人们也往往因满足已有的舒适状态，而不适应新的变化。因此，由科技改革引发的各种调整在操作层面是有阻力、有难度的，这种内部的新旧“竞争”在各国都会发生。中国政府的强有力之处也表现在，中国政府不仅能够设计改革，还能够调整内部阻力，推动改革措施的执行。

在很多改革措施出台后，中国政府会就某项或某类措施开展专项督查，确保这些制度能够落实。例如，2016 年，中国政府就刚修订的《中华人民共和国促进科技成果转化法》执法情况进行了督查①，由全国人大常委会牵头，检查组分成5个小组对北京、浙江、湖南、广东、贵州5省（直辖市）开展检查工作，同时全国人大常委会委托天津、内蒙古、江苏等8省（自治区、直辖市）人大常委会分别对本行政区域内促进科技成果转化法的实施情况进行检查，当年11月执法检查报告公布（王晨，2016）。

除了惯性外，影响科技改革调整的另一个因素是一个国家内部和外部政治环境的关系。科技进步有微妙的敌人，这些敌人是一些利益集团，他们受促进创新的制度和政策的威胁。他们通过诉诸政治行动，迫使政府改变国家制度和政策，阻碍科技长期发展（泰勒，2018）。这种现象在各个国家都有不同程度的表现。对此有人认为，外部威胁大于国内竞争的国家比国内竞争大于外部威胁的国家有更高的创新力（泰勒，2018）。

当然，只有外部威胁远远不够，国家更需要应对威胁的行动能力。在外部威胁方面，欧洲曾面对美国的竞争压力。1969年，让-雅克·塞尔旺-施赖伯（Jean-Jacques Servan-Schreiber）在《美国的挑战》一书中指出欧洲技术发展的欠缺，在当时引发了一场大辩论。当时，美国的技术变革在数量上大大超过欧洲。美国的技术优势使其在工业规模、筹资能力、创新能力等诸多领域强于欧洲。美国技术优势的另一个突出体现是科技成果能够迅速转化

① 《中华人民共和国促进科技成果转化法》执法检查报告显示，从当时执法检查情况看，促进科技成果转化法的修订实施对科技成果转化的推动作用显著，但法律的全面贯彻实施仍然存在一些问题。科技创新能力不强，科技与经济紧密结合还存在一些制约因素，科技成果转化的体制机制仍需要进一步完善，其中包括科技成果处置、收益和分配管理制度在部分单位存在落实不到位情况，如科技成果无形资产管理权限和方式分歧、“持股难”和“变现难”；科技与金融结合尚有很大空间，投资不足仍是制约科技成果转化的重要因素，在利用政府资金带动社会投入、落实国家政策引导企业加大投入等方面还需进一步加强，金融资本对科技创新的支撑作用尚未充分发挥；高等院校、科研机构对科技成果转化的认识有待提高，科技人员向企业流动的机制不健全，人才引进、人员考核评价和职称晋级体系仍旧“重研发、轻转化”“重论文、轻专利”，影响科技成果转化积极性。

为生产力（孙锋和刘彦，2011），而这正是当时欧洲所缺乏的。面对美国的技术和商业攻势，人们甚至认为，欧洲与美国间的差距，与其说是技术差距，不如说是管理差距。

随后，经济合作与发展组织发布报告认为，欧洲各国与美国的技术差距不仅仅体现在数量上，更多地体现在新技术领域及技术的生产方式上。针对如何缩小差距，当时欧洲的政府和学者形成了三种观点，分别是鼓励美国企业进入欧洲，放弃自己相对薄弱的领域转而购买美国的技术产品，以及把美国的企业拒之门外。实际上，这三种方式都反映了当时欧洲各国政府的无力。这种状况随着《欧洲联盟条约》的签署，在欧盟框架下才有所改善。特别是2000年里斯本战略①的通过，大大提高了欧盟在科研方面的凝聚力和竞争力。

中国的科技发展一直不缺乏外部威胁，中国在发展科学技术时，来自过去二百多年历史的、潜在的忧患意识始终萦绕在中国人心头，这也是中国人在描述科技发展时习惯使用“赶超”“跨越”等词汇的重要心理基础。对此，国外在评论中国的创新状况时，往往难以体会到。应对外部环境和威胁，中国政府在发展科学技术方面始终保持着极大的积极性，通过持续投资、开展试点等方式不断探索科技发展的道路，或者对市场自发行为保持着相对的宽容。

① 里斯本战略提出，争取到2010年前使欧盟成为以知识为基础的世界上最具活力和竞争力的经济体。在里斯本战略设定的28个主目标和120个次目标中，科研投入和就业率是最重要的两个目标。里斯本战略提出，欧盟各国2010年将把科研投入占GDP的比例从2000年的1.9%提高到3%，但这一目标未能实现。

第三章 要素流动

中国政府改革的重要内容之一，就是对经济活动、经济要素的“放松”，这远远超出了科技的范畴，但对科技却有至关重要的作用。正是这种“放松”，使经济发展的大环境发生了变化，科学技术要素才有可能通过市场在各种生产活动中进行配置。

改革开放前，中国的绝大多数科学技术资源都是由财政投入支持形成的，是非常典型的公共物品。在计划经济条件下，科技虽然是生产要素，但并不能按照市场来配置，更不要说对科技要素定价方面的影响。在这种情况下，科技在经济活动中无法真正发挥作用，只适合在政府管制力量较强的领域发挥作用。

这会造成一个经济体的整体效率降低。例如，苏联的科技实力当时很强大，但这些科技要素并没有作用到普通苏联人的日常生活中，不要说高品质的轻工业产品，生产能力连基本的供给都无法满足。原苏联的科技实力大都体现在国防领域，而国防领域最优先考虑的不是市场机制，而是不惜代价保障军事能力。

与苏联同时期的美国也面临类似情况，没有政府就不可能组织起阿波罗登月计划、曼哈顿计划这样庞大的科研活动。与苏联不同的是，美国在这些计划实施期间建立了一些重要的科研活动基地，如针对中子反应的洛斯阿拉莫斯实验室，针对铀材料生产的橡树岭国家实验室等。这些实验室不仅为美国的科技领先打下基础，还通过开放合作研究，将很多科学成果扩散、转化到民用领域，促进了经济的发展。

如果说美国和苏联在科技要素流动过程的前半段是相似的，那在后半段则有根本上的不同。在后半段中，美国在技术应用领域发挥了市场的作用，很多科学技术成果相对顺利地作为生产要素参与了美国各个层次的经济活动，而这种参与在苏联的经济活动中却难以发生。在科技要素流动过程中，政府要做的就是对那些可以市场化的领域，逐步放松管制直至完全放开。

改革开放以来，中国政府特别注重“放”这一面，包括解放思想、释放人的积极性、对外开放、向政府设立的科研机构和国有企业下放自主权、鼓励地方政府大胆尝试等①。

例如，针对国有企业，1979 年，国务院颁布《关于扩大国营企业经营管理自主权的若干规定》等五个文件②，解决了国家和企业的分配关系，调动了企业和职工的积极性。1982 年，《国营工厂厂长工作暂行条例》出台，通过放权让利、实行承包经营责任制的措施，把国有企业推向市场。此后，中国政府以制度创新为重点，推动建立现代企业制度，进行行业重组调整；深化国有资产管理体制改革，设立了各级国有资产监督管理委员会。中国政府把国有企业、国有资产监管机构、政府宏观管理部门的权责边界进一步厘清。近年来，中国政府对国有企业的改革主要体现为推进国有企业的混合所有制改革。

科研机构、地方政府方面的改革事例不胜枚举。其中，株洲电子研究所是科研机构改革的先锋。20 世纪 80 年代初，科技管理体制在不同程度上存在三种“大锅饭”，也就是三个“一个样”：工厂企业依靠不依靠技术进步、重视不重视科技人员，一个样；研究所办好办坏、领导人称职不称职，一个

---

① 李春城研究员在纪念改革开放 40 年和中国科技政策等研讨过程中，均重点谈到了“放”对中国科技创新和经济发展的重要历史作用，并将其总结为“五放”。

② 1979 年，国务院发布《关于扩大国营企业经营管理自主权的若干规定》等五个文件。1984 年 5 月 10 日，国务院又发布《关于进一步扩大国营工业企业自主权的暂行规定》，进一步下放了生产经营计划、产品销售、产品价格、物资设置、人事劳动管理、工资奖金、联合经营等十个方面的权力。

样；科技人员干不干、干多干少、干好干坏，一个样。

只有改变前两个“一个样”，才能改变第三个“一个样”，最终解决科技人员吃“大锅饭”的问题，更好地调动科技人员的积极性。株洲电子研究所对外实行有偿合同制，对内实行课题承包制，由国家事业费开支经费改为经济自立，真正做到奖勤罚懒、择优去劣、多劳多得①。

很多时候，判断一项政策、一项改革措施是否有效，最基本的就是看它是否明确了科学技术作为经济要素的产权，降低了科学技术作为经济要素的交易成本，进而提高了人的积极性。从新制度经济学的角度，清晰的产权对经济发展至关重要。产权清晰带来交易费用降低，交易费用降低带来市场范围扩大，市场范围扩大带来分工深化，分工深化带来科学技术产出。

本书所说的产权，主要是个人对特定科学技术知识的所有权、收益权、使用权与转让权，其中所有权是根本。界定所有权在现实中是非常复杂的问题，因为很多科学技术知识是由公共财政投入形成的。

有些制度虽然以监管为目标，看上去是“管”，但如果有助于确立权属、明确责任边界，使交易能够按既定规则自由发生，则实质上是“放”。而有些制度虽然打着放松管制的名义，但操作层面却很模糊，一旦发生争议，可能会产生多种解释。这类制度就需要进一步调整，在实际操作过程中要再去细化，甚至要等“吃螃蟹”的人。

市场拥有强大的力量，能够创造财富、积累财富，但也会扩大不平等，把环境成本传递给社会。市场必须被驯化和调和，才能确保为多数人的利益服务；而且驯化和调和必须反复进行，才能确保市场继续为多数人的利益服务（斯蒂格利茨，2014）。这方面，中国政府影响技术应用的例子，体现为包容性创新。

---

① 整理自1984年3月25日的《光明日报》。

包容性创新是近年来国际上围绕创新形成的一个新概念①。虽然在中国的政策语言中并没有直接使用这个概念，但实际上，中国大多数技术创新活动天然就具备了这个特点。如果创新本质上是企业家对技术、资本等生产要素进行重新组合并实现经济价值的过程（即建立新的生产函数），那么，包容性创新就是政府参与建立的一类特殊的生产函数。

人类从工业经济向知识经济演进时，科学技术知识作为生产要素参与新组合的作用越来越大。一般意义上的科技创新，主要是从市场分工角度关注知识要素的生产和配置，对低收入群体、草根群体、边缘群体等特定对象并未给予特别的关注。但实际上，科学技术知识难以通过市场机制扩散到这些群体，他们无法获得平等的发展机会，如落后地区、偏远地区的居民缺乏必要的技能培训、信息渠道；他们也无法依靠创新满足基本需求，如罕见病的药物研发、生态环境恶化地区饮用水质改善等。

包容性创新的概念正是针对这些问题而形成的，其重点在于通过政府的直接作用或对市场的引导，将科学技术知识扩散至这些特定目标群体，从而使他们有条件利用科学技术知识要素改变原有生产函数或改善生活。包容性创新具有创新的一般性特征，也具有特殊性，其特殊性在于针对特定目标群体配置相对应的科学技术知识。

普通的创新在某些时候也能影响这些特定目标群体，此时这些创新也具有包容性的属性，但不是典型的包容性创新。例如，技术进步带动经济发展，使经济落后国家的人均收入普遍提高。再如，技术进步导致生产成本下降，进而使价格下降，让低收入群体更容易购买那些曾无力支付的产品等。在中华人民共和国成立特别是改革开放的这些年里，中国的人均收入实现了

① 2007年，亚洲开发银行首次提出“包容性增长”的概念，包容性创新理念则建立在包容性增长的基础之上。2012年，杰勒德·乔治（Gerard George）等提出包容性创新的概念，认为包容性创新是为了实现包容性增长而进行的创新，其本质是为了改善金字塔底层（bottom of the pyramid，BOP）群体的福利而创造和提供更多的机会。

飞跃，在人类历史上将最大规模人群带出低收入群体的范围。所以说，中国这些年开展了规模最大的具有包容性属性的创新。

对于那些典型意义上的包容性创新，中国政府的表现也可圈可点。例如，中国政府通过科技扶贫，以及支持农村、农业、区域发展等方式，大幅改善了低收入群体的生活状况。中国包容性创新的核心经验在于将政府与市场的作用相结合，依托人才、技术、产品、服务等载体，主动向低收入群体配置科学技术知识这一重要的经济要素。从这个意义上讲，中国的包容性创新本质上是创新、协调、共享等新发展理念的体现，对乡村振兴、区域协调发展、扶贫长效机制都有着重要的支撑作用。

近年来，经济合作与发展组织、世界银行、亚洲开发银行等国际组织对包容性创新也非常关注，它们认为中国、印度等国家的包容性创新经验对世界其他国家具有重要的借鉴意义。从可持续发展的角度看，推进包容性创新是破解中国社会主要矛盾的重要方式，也是世界各国了解中国创新理念的典型例证。

小结：

总体上看，中国政府在科技创新方面发挥了决定性、基础性的作用，其职能的转变也经历了一个循序渐进的过程。政府围绕科学技术的制度设计和改革，适应于不同发展阶段的需要，也与经济体制改革、行政体制改革等息息相关。

经过几十年的改革和探索，中国的科技体制发生了重大变化，由过去计划经济背景下政府包办科技，转变为市场决定性作用与政府引导相结合的运行机制；由过去科技力量和科技资源主要集中在政府设立的研究机构，转变为企业逐步发挥技术创新主体作用、科研机构和研究型大学等创新主体共同发展的体系结构。而政府的角色定位，也逐步由科学技术发展的设计者转向参与者，由全能型管理拓展至专业型服务。

近年国际上的实践也反映出，科技创新不仅需要有效的市场，也需要有力的政府。美国信息技术与创新基金会（Information Technology and Innovation Foundation，ITIF）近些年一直呼吁美国重视创新，政府要作为教练员，和企业共同提高创新方面的国际竞争力，保持美国在世界经济中的领导地位，而不是延续新古典经济学家推崇的“自由市场”的政策理念。ITIF甚至认为，不能像一个组织一样采取统一行动的国家，将无法调动全社会的资源对未来进行投资，这样的国家将在全球竞争中落后。同样的，不能通过设计新政策、新制度，以及新的监管与治理方式等进行持续调整的国家，也将在全球竞争中落伍（阿特金森和伊泽尔，2014）。

英国政府也在反思新自由主义的做法，调整政府定位。这些都可以视作21世纪以来国际上，尤其是欧美发达国家追求政府和市场力量再平衡的典型代表。国际社会创新的实践表明，全能政府或放任主义都不符合创新体系运行的实际。科研成果商品化、产业化的过程极其复杂，不单需要市场发挥决定性作用，有时也需要有力的政府引领。

当前，中国处在推进体制机制改革的关键时期，需要新的制度设计和调整来完善国家创新体系。中国需要在增强政府动员能力的基础上，不断优化机制，充分发挥政府的创新引领作用。

需要说明的是，第一部分的梳理一直存在一个难点，很容易走向两个极端。一是中央政府在总体设计和推动方面的巨大作用，容易简单地把中国创新的经验全都归结于中央政府，对此，第二部分将说明地方政府的突出作用。二是由于本书各角度的分专题（部分）描述，第一部分淡化了中央政府对统筹协调科技和各类经济资源、各项经济政策的作用，这一作用在第三部分关于科技和经济关系的分析中将特别补充。

还需要说明的是，本书所说的有力的政府，不是说政府可以包办一切，更不是说政府应该干预市场，而是说科技创新面临着科学发现、技术发明、创新三类活动，每类活动有自身的规律。对于第一类规律，单靠市场是无法解决的；对于第二类规律，市场机制就可以发挥很大的作用；对于第三类规律，市场规律应该发挥决定作用。还有一种情况，也是非常复杂的一种情况，就是三类（或其中两类）规律同时发挥作用，这时就需要必要的宏观调控。

因此，本书讨论的政府作用，只是科技创新需要政府的时候，政府发挥的作用。政府强有力就意味着政府能够在支持科学技术发展方面实现公共财政或公共产品的供给，对科学技术资源进行有效配置，对不合理的制度进行主动改革。

第二部分　多元化的区域格局

所有这些奇异的对照①可以证明在历史上全是虚假的。中国人的发现和发明大都进行了很大的广泛的应用，但只是在一种相对稳定的标准的社会控制之下。

——李约瑟

① 这里指中国的发明在中西两种文明中的作用截然不同。

导读：

创新存在风险，尤其是以研发为基础的创新。站在企业的视角，可以发现，企业希望通过研发实现创新，进而提高竞争力，获得高利润率和先期的市场占有率，但对这种创新伴随的风险也有很大担忧。这种担忧来自“搭便车”现象，企业研发的成果很容易被其他企业模仿，这样一来，前期投入的大量研发成本就成为沉没成本，无法在市场上获得预期的、合理的经济回报。

“搭便车”也是一种知识扩散，有利的一面是带动新技术在一定范围内的整体应用。从全球经济发展的历史来看，这种知识扩散带动了区域经济发展。例如，在欧洲，从大航海时代到工业革命时代，几十个国家甚至数百个诸侯在同期可以进行数十次尝试，最终有些国家会出现成功的发明者或探险家，而其他国家会成为效仿者（戴蒙德，2017）。

“搭便车”不利的一面是抑制创新的积极性。为了避免“搭便车”不利的一面，人类制定了专利制度。专利制度的萌芽产生于15世纪的欧洲。15世纪中期，商品经济关系初步发展的英国和意大利，最早产生了专利制度的雏形，即封建君主政府以特许的方式，将独家经营的垄断权授予拥有某项技术的商人或工匠。例如，1474年，威尼斯共和国颁发的具有专利制度色彩的《威尼斯专利法》为现代专利法律制度奠定了基础。

随着资本主义经济的兴起，商品贸易的进一步发展和市场竞争的日趋激烈，英国于1623年颁布《垄断法》。欧美其他国家纷纷效法，相继建立了专利制度，如美国、法国分别于1790年和1791年颁布本国第一部专利法，荷兰（1817年）、日本（1885年）、奥地利（1899年）等国家也相继颁布了本国的专利法。

“搭便车”的两面性在一个国家内部的区域竞争中也同样存在，领先地区在科技成果、制度设计方面的创新同样很容易扩散。如果按照激励创新的逻辑，应该通过一定时期的“垄断”方式，对创新给予足够的保护。在国家之间，这种保护催生了保护主义、保守主义及技术进出口管制等。即使在一个国家的不同地方，各地方自由发展也很可能会演化出地方保护主义，尽管这种地方保护主义不体现为显性的、正式的制度①。

那么，中国如何解决这种区域间的“搭便车”现象呢？或者说，中国如何为被“搭便车”者提供激励呢？这就是中国特色之处，如中国的试点示范机制。这种试点示范不只体现在技术、产品层面，也体现在制度层面。第一部分讨论了中国中央政府在推动中国科技创新方面的主导作用。那么，资源禀赋、发展阶段迥异的中国各个地方行政区域，在科技创新过程中又发挥了什么样的作用？第二部分将从区域差异、创新集群、创新生态等不同的视角来观察这种作用。

---

① 显性制度指具有外部合法性，可以公开实践的规则。隐性制度指不具备外部合法性，却具有组织内部合法性的规则，它无法以公开的方式来实践。需要说明的是，并非所有正式制度（如特供制度）都是显性制度，也并非所有非正式制度（如习俗、民俗），都是隐性制度（严霞和王宁，2013）。

第四章　区域差异

中华人民共和国成立时，中国内部的工业发展非常不平衡，77%以上的工业总产值集中在占土地面积不到12%的东部地区（安树伟，2018）。在工业布局时，中国政府对此进行了一定的平衡。1978年，东部地区生产总值为1819.44亿元，占全国生产总值的比例为52.4%，东部地区与西部地区人均GDP之比为1.75∶1，中国区域发展不平衡的情况得以改变（安树伟，2018）。

20世纪80年代，在以市场化为导向的经济体制改革背景下，中西部的劳动力、资源、能源等生产要素大量向东部流动，中国区域之间的发展差距又变大了，1995年，东部地区西部地区人均GDP之比扩大到2.31∶1。因此，从“九五”计划开始，中国政府考虑解决地区差异过大的问题，采取了在中西部地区安排资源开发和基础设施建设项目，引导劳动密集型产业向中西部转移等措施。

从经济地理上看，中国政府在推动科学技术发展的过程中，并不怎么关注空间布局的变化。这其中有客观规律的原因，科技人力和物力作为优质的生产资料，是自然而然地向经济发达地区流动和聚集的。

美国经济学家保罗·克鲁格曼（Paul R. Krugman，1953～）在他1991年发表的《报酬递增和经济地理》一文中解释了，“世界”为什么会分成中心和外围。如果运输成本相对比较低，以规模报酬递增为特征的，所有（空间上）不受约束的产业将会集中在一个中心区域，而在边缘区域将会生产标准化和同质的产品（如简单的食物和原材料），这些经济极化或中心－外围的结构，是自利行为未预期的结果。历史上，英国曾鼓励欧洲大陆的铁匠移民到英国，来帮助英国建立第一座炼铁厂与枪工厂，英国工业革命也因此大大加速（法格博格，2018）。

美国的产业空间变迁也是一个典型案例。随着20世纪70年代美国州际高速公路的建成，航空运输的出现，以及全国范围内电气化和电信通信的实现，从事贸易的公司几乎可以自由地在美国任何地方落脚。事实也的确如此，许多公司与工厂一起从东北部和中西部搬迁到南部和西部。这种搬迁带动了新兴产业的发展（如电子工业、航空业和仪器仪表业），这些产业不需要在中西部或东部的港口或铁路支线附近（阿特金森和伊泽尔，2014）。而老工业区由于高成本和缺乏竞争力，其衰退是显而易见的。

第一节　“三线”建设背景下的科技布局

超出大城市范围的、伴随工业转移的、由行政命令主导的技术资源大范围空间配置，在中国近几十年的历史上也出现过，那就是“三线建设”。这是中国经济史上一次大规模的工业迁移过程，指的是在中苏交恶和美国对中国东南沿海威胁背景下，自1964年开始，中国政府在中西部地区的13个省、自治区进行的一场大规模国防、科技、工业和交通基本设施建设。

1965年，中共中央、国务院发布《关于西南三线建设体制问题的决定》，成立西南三线建设委员会，“三线”建设拉开帷幕；1966年，“三线”建设大规模展开。西北、西南部署的新建、扩建、续建的大中型项目有300余项，涉及钢铁、有色金属、石油、化学、建材、纺织、轻工等工业，以及铁道、交通、民航、水利等工程。其中，重要项目有攀枝花钢铁工业基地，成昆铁路，以重庆为中心的兵器工业基地，以成都为中心的航空工业基地，以重庆至万县为中心的造船工业基地，陕西的航空工业、兵器工业基地，以及甘肃的航空工业基地、酒泉钢铁厂等（龚关，2010）。

“三线建设”促进了这些内陆地区的科技进步，给这些地区后来发展带来了机遇，也在很大程度上改变了中国科学技术资源的空间布局（李哲，2017）。攀枝花、六盘水、十堰、金昌等过去是人烟稀少的荒山僻野，现在成为重要的区域性工业城市。伴随着铁路的开通，矿产资源的开发，以及科研机构和大专院校的内迁，长期不发达的内陆和少数民族地区涌现了几十个中小工业城市。

这是一次完全在计划体制下的资源配置，后来的各种科技资源空间布局，则大多依靠市场。政府虽然在科技投入、科学技术基础设施建设两方面有一定区域平衡的考虑，但随着市场经济的建立和完善，伴随着人员的流动，很多优质资源又流向了经济发达地区。

这种资源也不是单向地流动，也有从经济发达地区向其他地区流动，但引发这种流动的主要因素不是就业，而是产业投资。这种以技术为主的区域间扩散，主要是由于经济发展水平差异而引起的自发活动。总体来看，中国东部、中部、西部地区间从高到低的经济技术梯度，不仅表现在经济总量上，还表现在经济结构、对外开放等方面。由于这种梯度，有条件的东部地区率先引进、掌握先进技术，然后逐步向中部、西部转移。

第二节　地方积极性的萌发

区域间科学技术水平的差异，很大程度上也来自不同地区自身的科学技术投入，这在近十年来变得尤为明显。在形成经济基础后，各区域也加大科技投入，支持研发活动。中国的国家财政分为中央、省（自治区、直辖市）、地级市、县（市）、乡（镇）五级财政。每一级在科技发展上都有一定的自主权。

从行政体制的角度，除了五级财政投入体系，中国在科技创新的空间范围上也可以分为多个层次。第一层是省级的地方政府，第二层是散布在中国各地的各种科技园区、开发区、示范区，第三层是一些跨区域的范围，如长江三角洲、珠江三角洲等地区。中国在区域层面的、由政府支持的科技创新活动，主要发生在省级行政区域。其中，省级政府在保持科技创新活动多元化方面发挥着基本的作用，为了表述方便，也因为中央政府的行政指令直接作用于省级政府，这里主要讨论省级政府。

中国有34个省级行政单位。2007年开始，省级地方财政的科技投入在历史上第一次超过了中央政府。2006年以前，科技这类被认为短期不能产生效益的领域，地方政府是没有很大兴趣和能力去投入的。只有一些经济条件好、科技基础好的省份有一些科技活动，大部分地区对科技方面的投资能力有限。这种状况也延伸到地级和县（市）级政府，很多县并没有设立专门的科技管理机构。

这种状况在2006年得到了很大改变，最为突出的就是地方科技财政投入的大幅度增加。在一些沿海发达地区，如广东、江苏、上海等地，其在科技方面的财政投入超过数百亿元，在一些技术领域甚至可以接近中央的财政投入。目前，中国地方政府的研发投入规模已经超出了以往某些重量级的国家科技计划的投入规模。根据《中国科技年鉴2017》，在2016年省市的研发经费内部支出中，北京、上海、四川、广东的政府资金分别为802.6亿元、374.8亿元、240.4亿元、186.6亿元。经济达到一定规模后，省级政府不仅有条件投入科研活动，也注重为新的商业模式、新的制度创造空间，从而在一些地方促成了创新的萌发、爆发。

中央政府在提出发展方向后，地方政府会针对发展中的实际问题，在科研机构、技术应用、政策方面开展探索。根据国家区域发展战略的总体部署，结合区域经济社会发展需求和科技基础，中央政府和地方政府相继出台多部区域经济发展规划，努力构建各具特色的区域创新体系。各地方政府还出台多项改革力度大、操作性强的政策措施，仅2013年，各省（自治区、直辖市）结合自身特点和实际，共出台200多项改革配套政策措施（国家创新体系发展报告编写组，2016）。

产业技术的公共供给是一个代表性的领域。相对而言，地方更关注有实际应用价值的技术。1949年以来，实用性的技术是由中央政府设立的研发机构来提供的。在1999年中央政府所属的行业科研机构转制为企业后①，这种供给要么失去了有政府背景的直接来源，要么无法主动关注区域间的平衡。

为了实现产业技术供给，各地方在已有科技资源基础上开始了各种公共科研机构的探索，比较典型的就是被称为“四不像”的新型研发机构。伴随着产业发展需求的增长，各地方开展了以建立工业/产业技术研究院（简称工研院）为特征的产业技术研发机构的探索，其业务定位主要为公益性、应用型的技术研发。这些机构虽然基本定位相似，但与以往政府举办的科研机构存在很大不同，也不是企业，因此被称为“四不像”。这些机构的发展，反映了各地方产业技术创新的现实需求，也体现了研发组织方式的新变化。

2010年前后，省级政府建立的类似工研院职能的机构已不下百家，如果将各个城市建立的工研院也包括在内，这类机构的数量会大幅度增加，截至2019年可能在千家以上。这些机构在组建过程中，大多由地方政府主导，但在机构属性、运行管理等方面呈现出多元化的特点，总体分为以下几类：

1）地方政府牵头组织，依托大学或整合原有转制科研院所建立的事业单位，如陕西工业技术研究院、重庆市科学技术研究院等；

2）高校、中央级科研院所与地方合建的机构，属于事业单位性质，进行企业化管理，如清华大学深圳研究生院、中国科学院深圳先进技术研究院；

① 1999年，国家经济贸易委员会管理的内贸局、煤炭局、机械局、冶金局、石化局、轻工局、纺织局、建材局、烟草局、有色金属局10个国家局所属的242个科研机构，按照实现产业化的总体要求自主选择改革方式，包括转变成科技型企业、整体或部分进入企业和转为技术服务与中介机构等。

3）地方政府主导组建的研发类企业，如江苏（昆山）工业技术研究院；

4）由地方政府主导组建的民办非企业，如上海产业技术研究院；

5）由企业牵头组建的研发类企业或民办非企业，如泉州微波技术研究院、浙江现代纺织工业研究院。

在这些机构中，绝大部分的机构是事业单位性质。目前，中国的中央政府并没有对这类机构出台专门的政策进行规制，这客观上也为各地自由探索创造了空间。

还有一些技术示范的事例，这在中国举办的一些重大活动中非常明显。依托这些活动，很多新技术登上应用的舞台。例如，北京、上海等城市本身就是科技资源最为丰富的城市，在科技创新方面始终走在中国的最前列。通过世界博览会、奥林匹克运动会，大量的新技术、新产品被示范和推广。其中，新能源汽车在上海、北京的快速推广是最为典型的事例之一，目前上海已成为中国新能源汽车使用量最大的城市。这种情况，也出现在中国的很多地方，从区域性中心城市，到三线城市、四线城市，通过示范逐步扩大技术的市场范围。

这种基于区域特色的差异化探索也体现在政策方面。例如，依托北京中关村，中国政府开展了“1+6”政策示范①。2013 年 2 月，在总结完善中关村先行先试政策的基础上，一些政策被迅速扩大到同类的地区②。在试点政

① 其中，“1”是搭建中关村创新平台，“6”是在科技成果处置权和收益权、鼓励创新创业税收试点、股权激励、科研项目经费管理、高新技术企业认定、建设统一监管下的全国性场外交易市场等方面实施 6 项政策。

② 《财政部 国家税务总局关于中关村 东湖 张江国家自主创新示范区和合芜蚌自主创新综合试验区有关研究开发费用加计扣除试点政策的通知》，将研究开发费用加计扣除、职工教育经费税前扣除和技术人员股权奖励分期缴纳个人所得税三项税收政策试点推广到东湖、张江国家自主创新示范区及合芜蚌自主创新综合试验区。

策推广的同时，中央政府又在中关村开展了四项新政策①的试点。

第三节　跨区域的联动发展

竞争促进了跨区域的整体发展，在长江三角洲、珠江三角洲等地区，自发形成了跨行政区域的大规模创新集群，它们的经济规模甚至接近一些经济大国，它们的科技实力也达到了国际中上水平。例如，长江三角洲城市群已跻身六大世界级城市群②，其 2016 年 GDP 接近 15 万亿元，占中国 GDP 的比例约 20%，同期相比，高于印度，接近法国。

长江三角洲地区是中国技术转移最为活跃的区域之一，技术转移能力突出。2005 年，长江三角洲地区完成的技术转移合同金额达到 371.26 亿元，占全国近 1/4，合同成交数量为 77 096 项，占全国的比例为 29.1%（李哲和郭丽峰，2008）。该地区技术转移的主要特点有企业在技术转移中处于主导地位；地方政府积极进行政策引导和协调管理；技术转移网络平台、技术转移途径多元化；技术服务和咨询占有较大比例等。

上海市是长江三角洲地区技术转移的中心，通过加强立法和制定相关政策，规范和引导技术市场的健康发展。这些法规、规章和文件为健全和完善技术市场发展环境提供了基本保障。上海市的政策最为突出的特点表现为产权交易的定位与强势政府的推动。上海市在全国第一次提出技术产权交易的概念，并将技术产权市场直接定义为资本市场（陈晓东，2003）。例如，在《上海市产权交易市场管理办法》中规定，本市所辖国有、集体产权的交

---

① 四项新政策分别为高新技术企业认定文化产业支撑技术领域范围、有限合伙制创业投资企业法人合伙人税收优惠、5 年以上非独占许可使用权转让纳入技术转让所得税优惠政策、中小高新技术企业向股东转增股本的个人所得税可最长不超过 5 年分期缴纳。

② 长江三角洲城市群包括上海，江苏省的南京、无锡、常州、苏州、南通、盐城、扬州、镇江、泰州，浙江省的杭州、宁波、嘉兴、湖州、绍兴、金华、舟山、台州，安徽省的合肥、芜湖、马鞍山、铜陵、安庆、滁州、池州、宣城 26 市。

易，应当在产权交易市场进行。

上海市的大力支持还表现在人才政策和技术交易机构建设方面。技术市场通过培育和扶持技术经纪人队伍，为技术市场繁荣提供专业的服务。2005年，《上海市经纪人条例》施行后，上海市技术市场管理办公室等机构加大了对技术经纪人培训的力度，此后一年间共培训了400多名取得市工商局颁发的执业证书的技术经纪人（李哲和郭丽峰，2008）。技术经纪人队伍的培育和不断壮大，为繁荣和发展上海市技术市场、推动产学研有机结合注入了活力。

自1993年上海技术交易所成立，上海市又相继建立了一批技术中介服务机构，在企业和高等院校、科研院所之间架起了桥梁，为科技成果转化、产学研结合起到了纽带作用。2004年，上海市开始建设研发公共服务平台，其技术转移子系统，通过充分整合、共享各类科技资源，促进了技术市场的繁荣和健康发展。

此外，地区间合作机制对长江三角洲地区技术转移也有较大推动作用。上海市、江苏省、浙江省签署了区域合作协议，促进信息、资金、人才、成果、技术等创新要素的充分流动。除上海市外，其他省市也积极采取有效措施，促进技术市场的实质性发展。浙江省扶持发展100家以上重点科技中介服务机构，包括各类孵化器、区域科技创新服务中心、生产力促进中心、技术标准研制和检测机构等。

近年来，长江三角洲、京津冀和珠江三角洲地区持续开展省际合作，强化科技资源共享和科技联合攻关。各地通过加强地区之间的科技合作，促进不同地区科技资源的优势互补，提升地区经济发展的规模效益。例如，为增强长江三角洲地区合作创新能力，上海市、江苏省和浙江省两省一市签订《沪苏浙共同推进长三角创新体系建设协议书》，制定了《长三角科技合作三年行动计划（2008—2010年）》。《珠江三角洲地区改革发展规划纲要（2008—2020年）》也提出，着力将珠江三角洲地区打造成“世界先进制造业和现代服务业基地”。

东部省市还开展对口援疆、援藏等中西部地区科技合作工作，促进和支撑了跨区域协调发展。另外，辽宁沿海经济带、关中-天水经济区、福建海峡西岸经济区新的跨区域创新合作逐步形成。

中国快速发展的基础设施扩大了跨区域创新的范围。2008 年以来，中国每年都将 GDP 的 8.5% 投入基础设施建设，而欧盟和印度对基础设施建设的投入分别占其 GDP 的 2.6% 和 3.9%（豪尔和泽德维茨，2017）。例如，2008 年 8 月 1 日，中国第一条高速铁路——京津城际铁路开通，中国进入了高铁时代。从北京到上海，高速铁路只需要 4 小时，这使跨区域的流动成为可能，大大缩短了创新活动的频率。从整体上看，中国形成了多个跨行政省区的“创新板块”，东部沿海地区以京津冀、长江三角洲、珠江三角洲三大都市圈为“创新板块”的核心，西部地区以关中城市群、成渝城市群等为“创新板块”的核心。

在地方发展和探索的过程中，除了统一的政策引导和先行先试之外，中央与地方也始终保持着密切联系。例如，科学技术部和各个省市建立的部省会商机制，将地方发展需求与国家重大科技部署相结合，是统筹中央和地方科技资源的重要手段。部省会商机制在推动西部大开发、中部崛起、东北老工业基地振兴、东部地区率先发展等方面都发挥了积极的作用。

实践表明，区域间的差异使各个区域有条件探索适合自身的创新发展路径。区域联动、中央地方联动等机制也从更大范围内促进了科技创新资源的配置效率，改进了科技资源的空间配置，促进了科技体制改革措施的落地。创新发展路径和联动机制都推动了中国内部形成各具特色的区域创新体系，为中国创新能力的全面提升积累了经验。

第五章　创新集群

中国的创新活动与产业集群有很强的关联，区域发展的多样性很大程度上就来自产业集群。产业集群的形成与中小企业有着密切的关系。这些中小企业，是中国各类创新主体中，最活跃、最有开拓精神、最有生命力的一类群体。

从现代经济意义上讲，中国的中小企业空间聚集始于20世纪80年代浙江省等地。1982年，义乌市率先在全国建立小商品市场，产生先发效应。义乌小商品生产基地是长江三角洲和珠江三角洲地区众多“一村一品”“一镇一业”专业化生产的典型，这是中国产业集群发展的雏形。

20世纪90年代初期，随着中国市场经济改革的推进，全国性大市场初步形成，出口贸易也大幅增长。市场需求的增长给正处于初创阶段的产业集群注入了动力，产业集群也由初创阶段进入数量和规模扩充阶段。

市场选择下的优势产业集群越来越突出，其产品在全国市场中的占有率大大提升，集群内一批骨干企业迅速壮大，部分产业集群开始进入成熟阶段。地域分布上，产业集群开始从东南沿海的若干主要地区向整个东部地区辐射，初步形成了从环渤海经济圈到长江三角洲再到珠江三角洲的产业集群带，其中广东省、江苏省、浙江省、山东省等地最为突出。

20世纪90年代中期，外商直接投资规模大幅增长，很多跨国公司将总装厂转移至东部沿海地区，拉动了更多的配套厂家投资，形成跨国公司的客户群，进而带动当地各类产业的发展，逐步扩展了产业集群。这一时期的外商直接投资主要集中在以广东省、江苏省、浙江省为核心的东部地区，投资的产业主要是制造业，包括机电工业、化学原料及制品业、纺织服装业、玩具制造业等。

21 世纪，中国加入世界贸易组织后，外商直接投资又进入一个快速增长期，且单项投资规模越来越大。这时期的外商投资主要集中在江苏省、上海市、浙江省等地，产业主要集中在电子及通信设备制造业。经过多年发展，东部地区大部分产业集群已处于成熟或相对成熟期，产业规模大，产业配套能力强，辐射带动力强，市场占有率高。

受产业结构调整和产业空间等因素的约束，这些产业集群发展开始出现分化。一些劳动密集型、资源依赖型产业集群开始逐步向中、西部地区转移，如纺织服装、鞋帽等产业。一些技术密集型、贸易依赖型产业集群开始向产业链高端转型，越来越多的国内外企业进入研发、设计领域。一些已在国内市场有较高市场占有率的产业集群，逐步走向国际市场，参与国际竞争，并吸引行业内更多国际知名企业进入集群。在上海、北京、苏州、杭州等中心城市，金融、研发、文化创意等附加值较高的产业开始形成集群。

如果说义乌市等地发挥自身产业基础的优势，自然地形成了产业集群，那经济特区则是中国一个富有创造性的制度安排。1978 年 4 月，国家外贸部和国家计划委员会派考察团到香港和澳门实地考察，之后，考察团向中央递交《港澳经济考察报告》，提出在毗邻港澳的广东宝安、珠海建设出口基地。后来，在各方的论证和支持下，深圳等经济特区得以诞生。特区的“特”，在于资金的使用成本低，税收“两免二减半①”，土地租金低，还有劳动力成本低，这样经济特区吸引了大量的投资，进而增加了税收。对此，其他地方纷纷效仿，提出建立特区，各类经济开发区、经济技术开发区、高科技园区就是这种背景下出现的。

---

① 指当时外商投资企业可享受从获利年度起 2 年免征、3 年减半征收企业所得税的待遇。

高新技术产业开发区、经济开发区、产业园等集群实质上都是产业集群。在产业集群中，有一类集群因与科技密切相关，科技要素发挥的作用非常重要，而成为创新集群。高科技园区最具有创新集群的特点，虽然在世界各国和地区含义大致相同，但名称各有不同。例如，美国称其为“研究园区”（Research Park），英国称其为“科学园区”（Science Park）或“技术园区”（Technology Park），意大利、法国称其为“科技城”（Technopole/Science City），韩国称其为“高科技工业园区”（High-Tech Industrial Park）。国家自主创新示范区，以及各级高新技术产业开发区、经济开发区、科技园区是中国创新集群的主要类型（李哲，2017）。

在带动区域经济发展方面，2016 年，国家高新技术产业开发区实现生产总值为 8.8 万亿元，占全国 GDP 的 11.8%；外贸和服务出口为 2.9 万亿元，占全国外贸和服务出口总额的 18.6%；实际上缴税费为 1.6 万亿元，占全国税收的 12%①。还有一些早年的数据，如 2011 年，中国的国家高新技术产业开发区以不到全国 1% 的面积，创造了占全国 8.8% 的 GDP，是中国最有财富创造能力的地区；而其创造每万元 GDP 所消耗的能量（按标准煤计算）只有全国平均水平的 36.7%，因此国家高新技术产业开发区是全国能源使用效率最高的区域。

一些特定区域通过资源集聚，可以提高资源组合的效率，如北京中关村、上海张江高科技园区等区域。这些最具有代表性的地区，关注科技创新的人大多耳熟能详，在各类文献资料中也有大量描述。在此，以江苏省昆山市和太仓市为例。

在 2008 年全球金融危机时，作者曾去昆山调研，本以为作为典型的外向型经济区，昆山的企业会受到明显的冲击。但事实上，无论是政府还是企业的调研对象，都对应对全球金融危机充满了自信，他们说，世界上也许只

---

① 数据来自 2017 年科学技术部党组副书记、副部长王志刚在“2017—2018 中国经济年会”上关于创新型国家建设的发言。

有这里，能在一周内完成10万台笔记本电脑的生产，这里虽然没有特别突出的研发力量，但在一些高技术产业领域有全世界最完整的产业配套，这是昆山市的核心竞争力。

太仓是苏州市下辖的县级市，常住人口70多万，却集聚了230多家高水平、专业化的德国企业，是德国在华投资企业集聚密度最高的中小城市，名副其实的“德企之乡”。德国驻华大使称，江苏太仓在德国的知名度，比太仓在中国的知名度高。为什么德国高水平的中小企业会青睐太仓？除中国巨量市场和庞大产业规模的大前提，以及太仓东濒长江、南靠上海的长三角腹地的优越地理位置外，还因为太仓构建了一套适合德国投资企业生存发展的“政策+人才+服务”一体化创新创业生态系统①。

创新集群的特点不仅仅表现在经济领域，也同样体现在社会治理、生态环境等方面。例如，中国的国家可持续发展实验区。这类示范区是从1986年开始，由中央政府推动的一项地方性可持续发展综合示范试点工作，目的在于依靠科技进步、机制创新和制度建设，全面提高实验区的可持续发展能力，探索不同类型地区的经济、社会和资源环境协调发展的机制和模式，为不同类型地区实现可持续发展提供示范。30多年来，中国已建立国家实验区58个，省级实验区77个，遍及90%的省（自治区、直辖市）。

创新集群为中国实施渐进式改革作出大量的探索。例如，从世界经济论坛、世界银行的有关指标来看，中国营商环境在世界上的排名靠后，但对在各类开发区和科技园区内投资、经营的企业而言，中国有着良好的营商环

① 周华东．县级市太仓为什么能成为“德国企业之乡”，中国科学技术发展战略研究院专题研究报告。

境。依靠这种渐进式改革，中国维持了稳定，避免了一些国家采用“休克疗法①”而产生的侵吞国有资产、寻租腐败等弊病，并有效利用了后发优势，取得了强劲的经济发展。在过去几十年里，中国的创新集群也成为“摸着石头过河”的实践中的典型空间载体。

当前，中国一些地区正在努力使自己成为具有全球影响力的科技创新中心，如北京、上海、珠江三角洲等地。作为新的发展方向，科技创新中心建设在实践路径上面临着很多不确定的因素，需要参考同类地区的做法。纽约、伦敦、东京等城市，美国硅谷、日本筑波科学城等区域，以及以色列等国家都具备丰富的科技创新资源和全球影响力。通过比较，值得参考的经验如下。

1）创新特色根植于各自独特的经济基础。科技创新活动不是自然、独立发生的，而是根植于其独特的经济基础。

伦敦科技创新的特点，与其产业结构两次转型密切相关。伦敦第一次转型是由一座制造业和港口运输城市转变为以金融服务业为主导产业的服务型城市；第二次转型是创意产业的异军突起，1997 年以后，创意产业实现了高速发展，成为仅次于金融服务业的第二大产业。第二次转型过程中，产生了东伦敦科技城这一科技、数字和创意等企业群聚的区域。伦敦政府通过教育培训推介支持公民的创意生活，给公民提供接触创意的机会，为创意产业的发展提供良好的外部环境。东伦敦科技城邻近的伦敦大学、帝国理工学院、牛津大学及剑桥大学四所顶尖大学，为这些行业提供源源不绝的人才。

---

① 这一医学术语于 20 世纪 80 年代中期被美国经济学家杰弗里·萨克斯（Jeffrey Sachs）引入经济领域，其主要内容是针对严重失衡的社会总供求状况，从控制社会总需求出发，采取严厉的行政和经济手段，在短时间内强制性地大幅度压缩消费需求和投资需求，使社会总供求达到人为的平衡，以此遏制恶性通货膨胀，恢复经济秩序。它的措施表现为经济自由化、私有化、稳定化等特点。20 世纪 80～90 年代，国际上的主流观点认为，一个国家如果想从计划经济向市场经济转型，就必须采用“休克疗法”。

纽约自17世纪初开埠以来就是一个商业城市。商贸的兴旺发达使大量资本集聚纽约，为其日后成为美国金融中心奠定了基础，同时也为发展制造业创造了条件。19世纪50～60年代，在第一次工业革命的带动下，纽约的制造业很快发展起来，纽约成为当时美国一大制造中心，包括服装鞋帽、印刷、皮革、食品加工、机械制造等门类。第二次世界大战结束后，纽约的制造业开始步入衰退期，制造业从中心城市迁出，服务业逐渐成为纽约市经济的重要组成部分。这个过程中，纽约政府吸引众多互联网应用技术的高科技企业，把技术与时尚、传媒、商业、服务业结合在一起。

东京这座城市突出了研发服务的作用。20世纪90年代，日本政府为刺激经济增长，实施了各种制度改革，打破了行业垄断，降低了行业进入壁垒，促进了金融、信息服务、研发及各种专业服务业的发展。2000年以来，生产性服务业在内的其他服务业，成为东京最大的产业。

以色列的科技移民政策为其经济发展起到了举足轻重的作用。以色列吸收了大量来自世界各地的犹太移民，他们大多是受教育程度高、充满创新精神的高技术人才，如科学家、工程师、医生等。这些移民定居以色列后，仍同原居住国保持着个人和商业联系。这种国际关系网络对促进以色列引进外资、投资海外或进出口技术都起到了积极的桥梁作用。1975年，以色列人均GDP为3400美元（孙正达等，2004）；2017年，以色列人均GDP已增长到40 270美元①。

2）这些城市或地区，不仅具有庞大的经济规模，还具备世界一流的高校和科研机构。

伦敦集中了英国近1/3的高等院校。世界上享有盛誉的生命科学、生物医学等方面的研究机构很多也都集聚在伦敦。纽约拥有哥伦比亚大学、纽约大学、康乃尔大学等世界一流大学。东京拥有30多所各类高校，坐落在东京以北60km的筑波山麓的日本科学研究中心，包括了43个国家研

① 数据来源：《国际统计年鉴2018》。

究所（约占日本主要科研机构的 40%），涉及各类科研人员 2.2 万多名①。美国硅谷有斯坦福大学、加利福尼亚大学伯克利分校、加利福尼亚大学旧金山分校 4 所大学和其他几十所专业院校，其知识和技术的密集度居美国之首。

从这个角度来看，面向基础研究、应用基础研究的科技资源的富集，是一个城市或地区成为科技创新中心的必要条件，正是这些高水平的科研机构，保证了科技创新中心的可持续发展。

3）这些城市和地区以商业化为导向推动不同创新主体协同创新。在一个城市中，企业、科研机构、高校、孵化机构等各类创新主体只有分工明确，才有可能有效协同，有效发挥创新的整体效率。

伦敦通过激励大学、科研单位支持企业，以及增加孵化器的规模、种类和范围等措施，打破产学研合作壁垒。纽约以大学和民间研究机构为科技创新政策主要的激励对象，如先进技术中心包含的 15 个具体机构。这 15 个机构全部建立在纽约州范围内的高等院校中。东京实施以企业为主体、企学联合的各类计划项目。这些计划由高校院所、技术转移机构、科学技术振兴机构等联合企业共同研究、招标研究或委托研究。以色列通过“磁石”计划（Magnet Program）鼓励企业与科研机构联合成立联盟，联盟中，企业可以获得预算费用最多 66% 的资助，科研机构可以获得预算费用最多 80% 的资助，并且没有专利使用费（王从霞，2016）。

4）城市的建设发展带动了新兴技术和产品的应用，特别是需求侧创新政策的应用。需求侧创新政策是通过为创新增加需求、改善促进创新吸收的条件，以及提高对市场需求的认知等途径，刺激市场的出现或重构新的市场

① 科学园网站 . http：//wiki. citydatum. com/index. php？ title = % E7% A7% 91% E5% AD% A6% E5% 9B% AD［2020-3-31］.

政策①。这些政策能够营造有利于创新的市场环境，为新技术、新产品提供初始市场，加速实现创新。

以税收为例，英国对采用太阳能、水循环装置和无污染涂料的“绿色住宅”减免印花税。德国对可再生能源免征生态税，而对汽油、天然气等常规能源征收较高的税。日本对居民使用的111种节能设备减免税收，减免额约占设备购置成本的7%。韩国对进入市场初期的技术创新产品实行特殊消费税暂定税率，前4年按基本税率的10%征税，第5年按基本税率40%征税，第6年按基本税率70%征税，第7年才恢复为基本税率（闫佳佳和雷良海，2010）。

以消费者补贴（政府补贴的一种形式）为例，日本对购买混合动力等节能环保汽车的消费者给予一次性财政补贴，金额约为节能环保汽车与常规汽车价差的50%左右。日本对居民购买太阳能发电装置补贴一半费用，德国则对私人安装太阳能发电装置提供低息或无息贷款。

政府补贴也用于科技应用示范资助，纽约州政府支持企业在科技园区开展太阳能技术、压缩空气储能技术等领域的示范，并给予资助。

以政府采购为例，创新导向的政府采购政策都集中于战略性技术领域的需求创造。美国政府技术采购有很大比例在国防和航天技术领域；欧盟国家的重点领域包括电子医疗、医药、物流、环境、数字内容、环境、能源和安全；韩国则把信息通信技术作为重点领域。这些战略性技术有巨大的市场需求潜力，但创新产品率先使用者少、风险高，需要由政府采购来启动市场。

这些具有科技创新中心特点的城市和地区虽然在发展历程、文化等方面与中国的各个地区有较大差异，但其共同之处也值得中国在培育创新集群方面借鉴。

---

① 需求侧创新政策主要包括税收和价格及政府补贴、政府采购、标准制定、倾向性措施四个方面，具体包括以创新型产品和服务为导向的公共采购，以技术研发采购为主的商业化前采购，以及直接对终端的财政补贴或间接进行消费者宣传、产品标签等。

1）具备从原始创新到最终商业化的综合能力。这些城市不仅有国际一流的大学和研究机构，也有规模大、特色鲜明的市场，更有多渠道的技术商业化机制。北京、上海等地在建设科技创新中心过程中，不仅要保持和提升其在原始创新方面的全国领先地位，也要特别注重通过协同创新机制，将创新链上的各个主体连成高效率的创新网络，这样才能具备高效率的整体创新能力。

2）依托城市建设，为创新产品提供市场启动的空间。这些城市在发展过程中，通过城市基础设施建设、财政补贴等方式主动为新兴产品提供最初的市场。当前，中国新型城镇建设为物联网、新能源、新型建筑、生态治理、智能交通等领域技术应用带来广阔的市场空间，如北京在建设世界城市进程中，在规划设计、技术标准、市场准入和监管、商业模式等方面统筹协调，充分发挥城市建设对新兴技术、产品和服务的市场带动作用，形成完整的技术解决方案和管理解决方案。

3）通过政策组合营造创新友好的市场环境。这些城市的成功经验之一，便是通过政策组合，特别是需求侧的政策，形成了有助于实现创新的市场环境，这些政策在其所在国家或地区往往是率先施行的。当前，中国的创新政策趋势，也将市场环境放在了重要位置。北京、上海等地在创新资源供给、科技成果转化、产业培育等方面已有大量的政策实践，也需要多参考国外经验，将未来科技创新政策的着力点放在市场营造和公平竞争方面。

第六章　创 新 生 态

第一节　良性循环：创新生态形成的标志

在一个生态系统中，生物种群的多样性越高，这个生态系统的稳定性就越高，因为一旦食物链（网）某个环节遭受破坏，很容易找到替代路径。在社会领域也有类似的案例，如制度经济学就从界定产权、发生交易、促进分工、促进技术专业化等角度，分析了交易与技术进步的关系。这种关系发生的前提也是市场要有一定的多样性，有多样性才有选择。

生物多样性，既与生物的基因、行为有关，也与生物所在的生态环境有关。基因是延续、变异、杂交的基础，环境是生物种群生存状况的限制条件，而食物网中发生的行为，都必然发生着大量的能量、物质、信息流动。

基于生态学理论，有人把创新活动及其所依托的环境从生态学的视角进行了类比。在这种类比关系中，产权由于其延续性、可转移性、可组合性，被类比为生物体所具有的基因；制度、文化等因素被类比为生物体所处的环境；市场中的创新主体合作、创新要素流动形成的网络则被类比为食物网。由此，创新生态这个概念开始被应用，甚至频频出现在政策表述中。从理论角度来看，创新生态是一个经济体通过科技创新实现高质量、高效益、可持续发展能力的综合体现。影响科技创新生态的因素主要有基础要素、种群多样性、演化动力、竞争机制和开放程度等。

基础要素包括科技投入、基础设施等，是科学技术发展的基本物质条件。种群多样性主要包括从事不同类型科研、创新活动的群体。演化动力在市场竞争领域表现为企业的盈利动机，在公共科技领域则表现为对科研产出的考核评价。竞争机制一般源于市场选择，在公共科技领域也需要政策引导。开放是创新生态系统演化的重要外部条件，开放程度影响着基础要素的丰富程度和种群多样性水平。

其中，种群是整个创新生态的核心主体，科研种群主要从事基础研究和共性技术等公共知识产品的生产，主要包括高等院校、国家实验室等公立科研机构；创新种群主要从事私人知识产品的生产，也是将各类知识转化为市场价值的主体，主要包括大中小微各类企业，还包括一些依托企业建立的研究机构。两类种群有着不同的生态演化动力及目标，治理重点和模式也存在差异，整个科技创新生态系统的效能发挥主要取决于两个种群生态的运转及两者之间的互动关联。

第四章中美国的例子表明，产业空间变迁会导致不同区域科技创新能力的差异。对此，区域不是无能为力的，而是可以通过塑造自身的创新生态，来创造新的竞争力。仍以美国为例，不是所有的美国东北地区，在当时都处于相对衰退之中，事实上有些地区成功实现转型，实现经济繁荣。

当时，波士顿大部分产业转移到劳动力成本更低的南方，但是波士顿早期的电子工业获得了成功，并催生了繁荣的科技产业（大部分科技产业衍生于麻省理工学院），而金融服务领域的长期优势又为科技产业扩张奠定了坚实的基础。对此，阿特金森和伊泽尔（2014）认为波士顿实现持续繁荣的三大支柱分别是领先的研究型大学、大量高素质并受过良好教育的居民、愿意为未来投资的风险资本。

过去几十年，中国科研和创新方面的种群不仅是规模在扩大，多样性也在增加。例如，从单纯的国有企业演化到国有、合资、外资、民营等企业类型并存，从只有政府设立科研机构到产业、社会开始设立科研机构。这使得各创新主体间的演化博弈更加复杂，进而提高了创新生态中的多样性。

这种创新主体间的演化，在产生多样性的同时，也必然会保持着旺盛的新陈代谢。例如，根据《改革开放40年浙商生存发展报告》，截至2018年

1 月 1 日，浙江共存续市场主体 577.3 万家，其中存活 40 年以上的市场主体只有 747 家，而 747 家市场主体中近 80% 集中在制造业与批发零售业领域。大量的企业在改革开放的经济潮流中成长、分解、重组、消失，但企业整体上体现了创新的活力。

在依靠科技创新实现经济转型发展方面，中国比较典型的城市是深圳，其特点就在于营造了良好的创新生态。良好的创新生态是一个地区通过科技创新实现高质量、高效益、可持续发展能力的综合体现。创新生态以企业为核心，以市场价值为导向，以政府战略规划为引导，以创新友好的社会环境为依托，以“科技—经济—科技”良性循环为演化动力。

按照创新生态理念，创新的全过程是不可能被完全设计出来的，但良好的创新生态能够大大提高创新成功的可能性。每个企业、每个创新创业项目都是一粒种子，只有生态环境好了，种子才能茁壮生长。

第二节　深圳营造创新生态的经验

深圳在营造创新生态方面取得了明显成效，其诸多成功因素中，核心因素之一就是政府通过对城市发展的战略定位、对科技创新的长期支持引导、对产业结构的主动调整等方式，形成了“科技—产业—科技”的良性循环，营造了完整、良好的创新生态。

深圳建设之初，几乎没有科技创新资源基础，其创新力量和创新生态是逐步积累而成的。从实践经验来看，以下因素发挥了综合作用。

1）政府对于城市发展的战略定位。政府是创新生态的参与方，对创新生态初期的培育和演化有着不可或缺的引导作用。深圳发展初期，以扩大产业规模、吸引大项目为主的发展方式，推动了深圳经济的高速发展，但面对资源约束、全球金融危机，深圳及时调整发展方向。

2006 年，深圳就通过“效益深圳”指数引导评价导向的调整，指数以“经济增长中科技贡献率显著提高”为三项原则之一，将 R&D 经费支出占

GDP 比例、财政性教育经费支出占 GDP 比例、高新技术产品增加值占 GDP 比例、全社会劳动生产率等作为重要指标。此后，深圳在立法保障财政科技投入稳定增长、规划布局战略性新兴产业发展、完善科技创新政策法规方面开展了大量实践，使科技创新成为促进经济社会发展的基本依托路径。

2）深圳政府对科技创新的长期支持和引导。深圳经济特区建设较晚，国家在深圳布局的重大科研基础设施、科研机构、高等院校很少，这成为深圳当时在高端人才和科研基础方面的短板。对此，深圳一方面持续加大科技投入，另一方面有选择地面向全球大量引进优势科技资源，如合作建立南方科技大学、深圳大学、清华-伯克利深圳学院等多所特色学校，深圳清华研究院、深圳光启高等理工研究院、华大基因研究院、中国科学院深圳先进技术研究院等多家新型科研机构。目前，从研发投入强度、重大科技基础设施、应用类研发机构、技术成果、高新技术企业等指标来看，深圳均处于全国前列，这奠定了深圳良好创新生态的基础。

3）深圳政府在调整产业结构进程中不断增强科技支撑作用。1979 年，深圳经济特区成立时，深圳第一产业比例是 37%；5 年后，深圳第一产业比例就降到 10% 以下，深圳以建筑业和电子工业为代表的第二产业迅速发展。此后，深圳根据国内外形势变化，主动调整产业结构。1986 年，深圳提出建立外向型、多功能的现代化经济特区，技术政策的导向是促进企业提高产品质量、引进生产技术。20 世纪 90 年代后，深圳提出建立以高新技术产业为龙头、外向型工业为主导的现代化国际性城市，技术政策向高新技术产业倾斜，形成了计算机及其软件、通信、微电子及基础软件、视听产品等七大产业。深圳通过技术政策促进产业结构调整，使传统产业逐步引退，高新技术产业迅速崛起，并不断形成新的经济增长点。

4）深圳孕育了有助于创新创业的社会环境。社会环境是否有利于创新，是否有利于科技型企业的成长，是判断创新生态状态的最重要特征。调研中，很多科研人员、企业家都曾表示，他们愿意在北京、上海开展基础研究、试验开发、创意设计等活动，但更倾向于去深圳创业。

深圳的创业环境优势主要体现在市场、法治和政策三个方面。

第一，市场环境。深圳作为改革开放的窗口，多年来建立起国际化、法制化的市场环境，在市场准入、公平竞争方面成为中国市场机制发育最为成熟的地区之一。近年来，深圳通过推动“创新、创业、创投、创客”四创联动，设立创客专项资金、创客基金、创新投资引导基金，搭建创业广场、柴火空间等“双创”平台的方式，也进一步完善了创新的市场环境。

第二，法治环境。法治环境涉及与科技创新相关的立法、执法、法治观点等方面，对创新生态起着维护、保障、促进、规范和巩固的基础作用。2008 年，深圳出台全国第一部科技创新地方性法规——《深圳经济特区科技创新促进条例》。2013 年，深圳发布《深圳经济特区技术转移促进条例》，率先在全国以地方性法规形式提出了推动技术成果转移机制。

第三，政策环境。深圳制定全国首部国家创新型城市总体规划、创新驱动“1+10”等文件，推动了科技政策与产业、土地、金融、人才等政策的衔接，形成了指向清晰的政策导向。深圳重视财税政策落实，2015 年通过高新技术企业、研发费用加计扣除等政策减免税收 109. 8 亿元，在全国排名前列。

在上述三方面因素的综合作用下，深圳最终形成了“科技—产业—科技”的良性循环。这种良性循环是创新生态形成的标志，否则，再多的科技资源也只能形成研发环境，再多的生产企业也只能形成制造业集群。在深圳，早期的科研资金投入已逐渐通过成果转化产生财富，资本聚集后再回流到科研开始新一轮更高水平的创新，形成了从研发活动到产生经济价值的正反馈。在此基础上，以技术为主要产品，以专利授权为主要收入来源的“轻资产”的企业形态在深圳也开始涌现。这些企业有助于在创新链前端集聚产学研资源，提高研发效率，加速“科技—产业—科技”循环的运转周期。

小结：

地方政府的竞争，被认为是中国经济成功的一项重要经验，这种竞争也发生在科技创新领域。地方政府在科技创新领域的竞争的特别之处在于，在很多地方，科学技术知识作为生产要素配置于经济活动是不容易被观察到的，也是不容易被理解的。一些地方在内部的资源配置中，往往不那么重视对科技资源的配置，而竞争的意义就在于，迫使各地方在内部资源配置上更加重视科技，投入更多的经费，建立更多的科研机构，培育或引进更多的科技型企业，在吸引投资时也更加关注在科技创新方面的合作机会。

如果将欧洲看作一个经济整体，将各欧洲国家对应中国的各省份，并从历史角度比较欧洲与中国的创新路径，可以发现，在区域间关系上，中国是"蚁群"模式，表现为领先区域向其他地区的知识扩散，其中包含着大量的隐性知识。进而，随着投资、人员的流动，其他地区产业规模迅速扩大，产业合作网络实现拓展。而欧洲是"传粉"模式，有着国别间的制度约束（随着欧盟一体化这种约束在越来越少，这也是欧盟一直致力的方向）和文化差异，领先地区对已有利益的保护有更多的措施，发展机会只有通过跨国贸易、跨国投资等方式（相当于蜜蜂在不同植物间的采蜜活动）才能扩散到其他区域。在跨区域的技术要素流动方面，中国面临的内部壁垒要小得多。

总体上看，中国各地区的资源禀赋、发展特色有较大差异，使各地区形成了不同的创新生态；同时这些创新生态也在不断演化，使同一地区在不同的发展阶段需要关注不同的要素。在未来的发展中，各地区要根据自身资源特点、发展阶段，发挥战略引导作用。

创新生态的培育并没有固定的模式，国家层面在考虑区域创新发展时，需要以城市或城市群为重点，把握关键要素。对于创新资源丰富、创新生态发展较好的地区，需要重点完善市场环境、法治环境，加强科技创新政策的衔接配合。对于创新资源一般、创新生态尚待发展的区域，仍要强调研发投入强度、企业技术创新能力、科技平台建设等基本要素，加强产业规划和投资，维护市场公平，激发企业家精神。

地方政府发挥引导作用的同时，全社会也要共同参与创新、共同治理创新。在创新生态演化初期，政府需要发挥主导作用，而在中后期，政府直接影响创新的空间减小，政府转向通过政策、服务等方式间接引导创新，更多发挥企业、科研机构、社会服务机构等主体的治理功能。这些主体的治理包括引导科学共同体、行业组织共同维护良好的市场运行机制；通过建立创新创业平台、科技服务平台等方式间接提供公共服务，提高服务效率；以科学精神为先导，带动全社会广泛树立科研容错纠错、科研诚信、科学技术普及等文化理念。

第三部分　同步调的经济发展

科学与经济的发展，都是由技术所驱动的，而我们通常都是倒过来思考的。实际上，人类解决问题的需要，才是推动人们重新结合现有技术，进而促进新一代技术出现的动力。

——布莱恩·阿瑟

导读：

技术进步引发的产业变革是促进人类经济发展最重要的力量。根据加利福尼亚大学伯克利分校的布拉德福德·德隆（J. Bradford Delong）教授的估算，在工业革命前，世界人均GDP是长期停滞的。在公元前13000年（新石器时代），世界人均GDP为90国际元；到了公元前1000年，世界人均GDP才达到150国际元；到了1750年，世界人均GDP才上升到180国际元，也就是说近3000年的时间，世界人均GDP才增加了20%。但在工业革命之后，世界人均GDP呈直线上升的趋势，2000年，世界人均GDP已经达到6600国际元，是1975年的36.7倍（张维迎，2015）。在这短短的200多年，人类完成了生活质量的飞跃，实现从“大停滞”到“大增长”的转变。

在地区之间，这种差异的变化也是惊人的，1500年，世界上最富有国家的人均GDP只是最穷国家的3倍左右；但在工业革命后，发达国家的人均GDP约是落后国家的上百倍。这种现象被称为“大分流”。

人均产出（劳动生产率）在19世纪的增幅之大令人激动。根据现在的测算，英国的人均产出从1815年（拿破仑战争结束时）开始持续提高，而且再也没有出现反复，尤其在19世纪30～60年代显著提升。美国的人均产出于1820年前后开始进入持续增长期。法国和比利时的人均产出是在19世纪30年代开始螺旋式上升，德国的人均产出是在随后的50年代开始上升。1870年，西欧的人均产出比1820年提高了63%；1913年，西欧的人均产出又比1870年提高了76%。英国的人均产出在这两个时间段分别提高了87%和65%。美国的人均产出在这两个时间段分别提高了95%和117%（费尔普斯，2013）。

平均实际工资水平也随之普遍提高。英国手工艺者的日工资在1820年前后开始持续提高，就在人均产出开始提高后不久。美国的工资水平在19世纪30年代后期开始起飞。随着四个领头国家（美国、英国、法国和德国）的人均产出和工资水平加速提升，其他国家仅仅通过保持与领先国家的贸易、加速利用差距带来的机会，就能提高本国的增长速度（费尔普斯，2013）。对熟知中国1980～2010年增长奇迹的当代读者来说，上述增幅或许不算什么，但中国可以从海外借鉴大量的生产经验，而当年的欧洲和美国却只能自己摸索（费尔普斯，2013）。

这种不寻常的进步与第一位发现它的学者不可磨灭地联系在一起，即美国经济史学家华尔特·罗斯托（Walt Rostow），他把这种现象称为“起飞”——进入持续经济增长的轨道（费尔普斯，2013）。当今，“大分流”仍在继续，一轮轮的科技革命和产业变革正在前所未有地改变着人类的生活，改变着人类社会的格局，也在拉大国家发展水平间的差异。

从人类发展历史看，科学技术突破往往是极少部分人的活动，而实现经济价值的创新，虽然也往往从少数人开始，但却能迅速扩散。既然科技价值的实现就是创新，为什么这里还谈和经济的关系。原因在于，科技和经济自身都有相对独立的系统，两者的交叉融合之处是基于科技的创新。与经济发展相比，科技如果发展过快，就难以持续；如果发展过慢，就支撑引领不足。因此，保持两者之间的协调是一个重要的课题。需要说明的是，人们对科学和技术发展的关注，有功利主义的一面，也有对人类自身发展的反思，这涉及科技哲学、科技伦理等与社会发展有关的很多内容。在此，本书主要讨论的是经济和社会福利视角下的科技。

在第一部分中，本书便强调，中国政府对科技的重视，从最初就是放在经济发展框架下考虑的。近代以来，在被称为千年未有之变局的历史阶段，中国被动卷入了全球化。在这个过程中，中国面临着各个方面的内忧外患，救国图强始终是中国人本能的追求。从洋务运动到第一次世界大战后民族资本“短暂的春天”，从公私合营到改革开放，中国既面临着外界巨大竞争压力，也面临着巨大的发展需求。改革开放以来，这种需求集中表现在经济发展方面。只有经济发展了，人民的生活条件才能改善。而要经济发展，就要用好各种生产要素，这包括土地、劳动力、资本，也包括不同类型、不同水平的技术。改革开放之初，中国在土地、劳动力方面具有比较优势，在发挥这些优势的过程中，也在不断增加技术要素的比例。

中国科技体制改革一以贯之的灵魂、虽历经调整但不变的核心主题，就是科学技术与经济的结合。这种结合体现在技术、科研机构、企业、产业、制度等不同层面。这种结合像流水对土壤的渗透，而非机械部件间的契合。科学技术要素渗透经济活动的方方面面，不只包括先进的制造领域、高技术领域，也包括各类传统产业、农业，科学技术要素是和商业模式、管理模式融合在一起的。从这个角度说，希望不同类型的科学技术要素像火车车厢间直接接驳成列车一样组合进入产品（实现创新）的想法在实际中是不现实的，更不要说政策层面的操作。

第七章　要素组合

在知识社会概念出现的两个世纪以前，亚当·斯密（Adam Smith，1723～1790）就已经清楚地将科学知识的数量作为社会生产力的基础（库尔茨，2016）。亚当·斯密认为，劳动分工是劳动生产率和人均收入增长的最重要的源泉。经济中出现了新行业和新职业，其中包括那些被称为哲学家或投机者的职业，这些新行业和新职业不是去生产任何物品，而是去观察一切事物。基于此，这些行业和职业能够将那些相互之间距离最远、最不相像的事物的力量结合在一起。21 世纪的今天，我们往往称这些行为为研发活动。这种系统性产出的新知识促进了生产和组织的进步。

从理论上看，1912 年，熊彼特率先从经济学角度系统提出了创新理论，认为创新就是建立一种新的生产函数，即实现生产要素的一种从未有过的新组合，这使人们对经济发展（而非增长）有了全新的认识。

后来，熊彼特在《社会主义、资本主义和民主》一书中批判了除马克思以外的所有之前经济学家的观点，认为他们都忽视了资本主义最重要的特征：动态性。他认为当时被广为接受的传统经济学的静态模型，都是围绕着均衡这一概念建立的，并不能捕捉“发展和均衡是相互排斥的”这一特征。熊彼特认为，技术变迁不停地革新整个经济系统，带来了新的商品、企业和职业，并且淘汰了旧的商品、企业和职业。这迫使整个社会发生了深刻的变化，导致了胜负双方的出现（库尔茨，2016）。

理查德·R. 纳尔逊（Richard R. Nelson）和悉尼·G. 温特（Sidney G. Winter）在熊彼特创新理论基础上，借用达尔文（Charles Robert Darwin，1809～1882）生物进化论的“自然选择”思想，结合赫伯特·西蒙

（Herbert Simon，1916～2001）关于人类行为和组织行为的理论，提出了经济变迁的演化理论（纳尔逊和温特，1997）。他们认为，经济活动也有物种竞争、优胜劣汰、适者生存等情况，企业在市场中相互竞争，赢利的企业发展扩大，不赢利的企业收缩衰落，直至被淘汰出局。企业要在竞争中立于不败之地，就需要不断创新，扩大自己的优势和在行业中所占的份额。

经济变迁的演化理论针对的，或者说反对的，正是自亚当·斯密以来的西方经济学，既包括以马歇尔（Alfred Marshall，1842～1924）为代表的新古典学派，也包括以塞缪尔森（Paul Samuelson，1915～2009）和索洛（Robert Merton Solow，1924～）为代表的新古典综合派。这些学派关注的是经济均衡，索洛的增长理论虽然提出长期的经济增长主要依靠技术进步（1987年他因此被授予诺贝尔经济学奖），但将其作为外生的条件，认为在没有技术进步的情况下，一个国家的经济均衡增长为零。

此后，保罗·罗默（Paul Romer）于1986年提出的新增长理论在对新古典增长理论进行重新思考的基础上认为，知识和资本一样是一类内生于经济活动中的生产要素，起源于企业为获得最大利润所做的投资决策努力。保罗·罗默也因此获得2018年诺贝尔经济学奖。新增长理论表明，经济发展取决于经济系统内部的各种要素，其中知识总量、人力资本储备等对经济增长率起决定性作用。

科技与经济结合的过程，就是科技创新，而科技创新是科学研究、技术发明和创新三类活动的统称。科学研究是创造新知识、构建新理论体系的过程，为技术发明提供理论基础。技术发明是创制新事物，首创新的制作方法的过程，为实现创新提供技术基础。创新是科学技术成果第一次商业化应用的过程，其本质是创造财富。创新不是按照完美的线性秩序发生的，而是通过各要素的互动组合发生的。

从技术参与组合的角度，又可以把技术再进行细分，包括劳动密集型产业、资本密集型产业、技术密集型产业的创新，也包括原始创新、集成创新和引进消化吸收再创新三种创新模式。原始创新就是某个发现、发明别人没做过，其成果可以影响一个时代。这种要素组合的变化，各国都有经历。一个国家或者一个区域的创新发展，都是三种创新模式组合，没有哪个国家只是引进消化吸收再创新，或都是集成创新。很多国家在进入发达国家行列以后，虽然有一些原始创新，但创新模式仍主要是集成创新，引进消化吸收再创新也占一定的比例。

技术与经济相互影响的过程，也具有演化（进化）的特点。约翰·齐曼（John Ziman）等（2002）认为，从某些观点来看，技术创新可以被视为一个“生态”过程，其中大量的不同类型的实体——物质的、社会的和认知的，相互作用并随着它们之间的互相适应而协同进化。布莱恩·阿瑟（Brain Arthur）从复杂性科学的角度提出了收益递增的理论，他发现正反馈对微小、偶然事件具有放大作用，产品可借此一举确立市场地位。布莱恩·阿瑟的收益递增理论认为，首先发展起来的技术往往具有占先优势，再通过规模效应降低单位成本，并利用普遍流行导致的学习效应和许多行为者采取相同技术产生的协调效应，使它在市场上越来越流行，人们也就相信它会更流行，从而实现自我增强的良性循环（阿瑟，2014）。计算机键盘的QWERTY布局是这个理论的典型案例。

第八章　同步演化

在技术变革面前，企业一定会受到冲击，一些领先企业会因此快速失去市场领先地位。哈佛商学院的克莱顿·克里斯坦森教授曾经提出过一个科技泥流假设（technology mudslide hypothesis），意思是说，企业在面对永无止境的技术变革时，就像在泥流上求生，必须永远保持在泥流之上移动，稍微一停顿下来，就会遭受灭顶之灾（克里斯坦森，2014）。

还有一个概念与此类似，那就是红桃皇后定律。这个定律由生物学家利·范·瓦伦于1973年提出，来源于1871年刘易斯·卡罗尔（Lewis Carroll）的文学作品《爱丽丝漫游奇境记》，该文学作品讲的是爱丽斯和红桃皇后手拉着手一同出发，但不久之后，爱丽斯发现她们处在与先前一模一样的起点上。对此，红桃皇后的答案是：以你现在的速度你只能逗留原地。如果你要抵达另一个地方，你必须以双倍于现在的速度奔跑。红桃皇后定律的核心要点之一是，为确保整体的和谐一致，个体之间必须完全同步“奔跑”。

这两个概念有异曲同工之处，根本上是表达不进则退的状况。这两者也有区别，科技泥流假设更多是强调保持同步，而红桃皇后定律则提出了超越的路径，即双倍速度奔跑。

改革开放以来，不同类型的创新活动始终在中国同步演化，这是中国逐步进入创新驱动发展阶段的内在原因。从产业类型来看，这种协同演化体现在劳动密集型产业、资本密集型产业、技术密集型产业的协同。从技术创新类型来看，这种协同体现为引进消化吸收再创新、集成创新和原始创新的协同。

第一节　基于不同产业类型的协同

20世纪80年代至90年代初期，中国的劳动力人口迅速增长，在结构上体现为农村劳动力逐渐降低，城市劳动力大量增加。原本在农村的劳动力在进入城市后，大多经过少许的培训便走上了工作岗位，这些培训往往是由企业自发组织的，培训内容也直接对应实际的生产流程。这些劳动力活跃在制造业、服务业的各个领域，不仅包括服装、玩具等领域，也包括电子信息、仪器装备等高技术领域。如何使大批量基本没有接受过完整职业技术教育的劳动力快速胜任生产岗位？这就涉及劳动密集型技术。

近几十年来，中国在发展模式选择上，并没有一上来就单纯追求技术上的先进性，而是发挥劳动要素丰裕、劳动力成本低的特点，把技术进步和劳动密集型产业结合起来，逐步加大技术要素的配置，以低成本劳动和适用技术的组合来替代紧缺的资本①。例如，根据劳动力相对充足的特点，中国企业在很多制造业领域的生产加工、装配等环节，通过改进技术工艺、流程等方式，创造性地采取了与人力劳动相适应的技术；在服务业领域，通过将信息通信技术与中国劳动力规模大、制造能力强、物流网络密度高等特点相结合，创造了网上购物、网约车、共享单车、外卖等商业模式，带动了经济增长。

不仅仅是劳动力数量大、成本低，相对其他发展中国家，中国劳动者的素质也比较高。例如，2005年，中国劳动年龄人口平均受教育年限比印度高33%（蔡昉，2009）。较高的受教育水平有利于提高劳动生产率。对中国制造业领域企业的分析表明，职工受教育年限每提高1年，劳动生产率可提高17%（蔡昉，2009）。所以说，劳动力的丰富和素质这双重因素，使中国

① 中国科学技术发展战略研究院．《在改革开放中成长：中国科技进步对世界的贡献与全球科技创新治理建议》蓝皮书，2018年。

在长期保持劳动成本优势的同时，结合自身特点吸纳各种适用技术。

与美国、日本、欧盟等发达国家和地区相比，劳动密集是中国经济发展过程中的基础性特征。这种基于自身资源禀赋，以劳动密集型产业为基础的技术创新，与基于研发的技术创新一样，是一种重要的技术创新方式，也是一种原创的技术。从这个角度看，将中国的技术创新完全归结于外来技术是一种错误的理解。实际上，劳动密集型技术是中国发挥比较优势的重要因素之一，这在国际产业分工中是得到认可的。

在有了一定的资本积累后，中国企业有条件通过资本密集型技术进步来提高产品的竞争力和附加值，这就客观推动了产业升级。相应地，随着中国参与国际产业分工，越来越多的企业开始具有更高的技术需求和更多的技术选择，需要通过多种方式来将技术配置到生产中。这使中国在一些资本密集型、技术密集型产业领域也实现了快速发展，如船舶制造、钢铁、电力、机械制造、信息电子等领域，不同类型的技术伴随着大规模投资在生产中得以集成应用。

第二节 基于不同技术创新类型的协同

在技术密集型产业发展过程中，引进消化吸收再创新、集成创新和原始创新等多种技术来源创新活动协同演化。

在引进消化吸收再创新方面，中国一些企业发挥后发优势，通过技术引进、技术合作等方式积极促进国际技术流动，通过产学研合作迅速提高技术水平和研发能力，逐步打开新市场。产品市场规模的扩大激励企业通过加大科技投入、完善研发合作网络等方式提高研发能力，逐步走上创新发展道路。例如，中国在核电建设过程中，全面引进法国电力公司（EDF）的核电技术，通过“干中学”，走出一条“引进技术基础上消化、吸收、再创新”

的科技创新路径①。这些活动都是双方自愿、合理合法的经济技术合作，与所谓“窃取”“强制”毫无关联，各参与方都得到了应有的收益。

在集成创新方面，一些企业处于产业链末端并具有一定研发能力，面临饱和的市场和激烈的竞争环境，这些企业发挥产业链末端的集成优势，通过产品集成与技术集成，对创新资源进行优化配置，在产品升级、市场调整的过程中获得综合竞争优势，技术密集型的特点越来越突出。例如，上海振华重工（集团）股份有限公司一开始严格遵从国际标准生产产品；之后通过产品运输和装卸等外围业务创新，获得总成本领先优势；然后率先将全球定位系统（global positioning system，GPS）技术应用在产品开发上，推出一系列创新产品②；最后又将前期创新成果加以集成，从单产品创新扩展到智能化集装箱码头的系统创新，开拓了新市场。

在原始创新方面，一些中国企业具备了较强研发能力或处于新兴产业领域，有能力开展应用基础研究活动，开始走上技术密集型的发展路径。这些企业的研发特点主要体现在两点：①开展开拓性的研究。例如，深圳华大基因科技有限公司创业伊始就参加了国际人类基因组计划，之后又陆续在水稻基因组计划等方面取得多项具有国际先进水平的成果。②保持高水平的研发投入。例如，华为技术有限公司 2016 年研发投入为 608 亿元，在欧盟委员会 2016 年 12 月底发布的“2016 全球企业研发投入排行榜”中居中国第一位、世界第八位。这反映了中国企业有机会、有能力在一些新兴或技术范式变化较快的领域开展原始创新活动，从科学技术领域的追随者逐步成为并行者。

这三类创新的协同演化也发生在很多发达国家的技术创新演化过程中。即使是美国、日本等发达国家，其技术创新也要立足世界上已有的各类技

---

① 作者曾于 2018 年 6 月有幸对大亚湾核电站等地开展了调研。

② 刘东，李哲．我国企业创新成长模式及对供给侧结构性改革的启示．中国科学技术发展战略研究院专题研究报告，2018 年 7 月 19 日。

术，技术创新类型中的主流是引进消化吸收再创新、集成创新，而不是原始创新。这体现在各行业增加值所占 GDP 比例方面，以原始创新为主要基础的高技术产业所占 GDP 比例并不大。虽然原始创新对于各类创新具有源头作用，但原始创新投入大、风险大、回报周期长，在任何经济体中都不可能成为技术创新的最主要类型。

从经济全球化的角度，不同类型创新的协同演化，是世界创新活力之所在，也是促进全球技术进步、经济发展的重要动力来源。中国走创新驱动发展道路，就是要继续促进符合国情的不同类型创新活动的协同演化，努力增加各种技术要素在生产活动中的比例。这种协同演化也将充分发挥创新需求多样性的优势，使世界各国的新技术、新产品、新业态、新模式在中国市场中能找到最适合的“土壤”。

第九章　应 用 导 向

如果说国家科技计划侧重于科学技术的供给，那么科技与经济的结合点则主要体现在产业、企业等层面。在产业层面，几种不同的技术经济路径组合在一起，共同推进了中国经济的发展。有学者对中国技术创新进行了分析，例如，胡志坚（2017）认为，引进消化吸收再创新是主要路径，低成本是其产品的主要竞争优势①；巨大且多层次的中国市场给企业从低端创新走向高端创新提供了机会，给企业的创新和试错失败创造了机会和空间。在企业层面，随着创新环境的改善，中国企业将技术创新与组织创新、商业模式创新相结合，不断增强发展能力。

不只是国内，国际上不同学者或研究机构对中国创新的特征也有不同的描述和理解。例如，《牛津创新手册》认为中国的创新是以开发活动为主的创新，而不是以研究为主的创新；美国人类学家艾尔弗德·路易斯·克罗伯（Alfred Louis Kroeber）认为中国式创新是以60%的价格实现90%的功能，是一种效率型创新；美国麦肯锡咨询公司认为中国式创新的特征是以客户为中心的创新和效率驱动型的创新；英国国家科技艺术基金会认为中国能够迅速地消化全球最好的想法和技术，迅速地进行试验并改善自己的研究、质量和产品，是一种快速跟随式的创新。

基于这种应用导向，中国在不断改善着创新的环境，其中包括制度环境，也包括劳动力、基础设施等条件。美国布鲁金斯学会2018年对19个国

① 这种优势的取得并非仅仅依赖于低劳动力成本，还赖于对技术、流程、管理等要素的集成创新，中国企业更注重产品功能的集成创新。

家的制造业发展环境进行了分析，结果显示，从制造业产出和占全球比例来看，中国位列第一，中国、美国、日本的制造业产出之和占全球的比例为48%。中国的制造业发展环境在19个国家中排第13位（61分，满分100分），排前三位的国家分别是英国（78分）、瑞士（78分）、美国（77分）。分数测算基于以下五个方面：①整体政策法规；②税收政策；③能源、交通、卫生费用；④劳动力素质；⑤基础设施和创新。

第一节　企业的创新发展

创新环境的改善带动中国企业的发展。企业特别是大型企业的出现是市场和技术发展的结果。凡是对大批量生产和大批量分配进行结合并在产品生产流程中可以进行管理协调的工业，必然会产生现代的工商企业，因为管理协调——比亚当·斯密所称的“看不见的手”更能有效地促进经济的发展（钱德勒，1987）。因此，企业管理体制在一定程度上取代了市场机制，协调着货物从原料供应，经过生产和分配，直至最终消费的整个流程。

在市场经济条件下，“逐利”的本质属性必然要求企业开展创新，并且会开展多种多样的创新活动。自改革开放以来，从引进设备生产线、技术模仿、工艺改造，到股份制企业、混合所有制企业等组织创新，再到电子商务、网店等商业模式创新，中国企业从来不缺乏创新，无论是技术创新还是组织创新、商业模式创新，都是推动中国经济发展不可或缺的创新动力，它们之间没有优劣之分。产学研合作、产业技术创新联盟等都是企业创新活动的延伸，也是不同生产要素组合的体现。

这从国外对中国的评价中得到了一些呼应。国外的一些学者对一些中国企业创新能力的认识，可能跟人们一般的理解有差别。例如，对联想集团的认识：从代工设计入手并伴随着全球IT行业的技术趋势推出更新换代的产品；对富士康科技集团的认识：将20万人集结到指定的地点，这是美国军队都无法做到的；还有对华为技术有限公司的认识：能够整合现有的技术和产品，并从中发现新的解决方案。

细分的话，企业创新类型也有很大差异。如何认识国有企业、民营企业和创新的关系不仅是一个现实命题，也是一个理论命题。根据传统效率逻辑，即代理理论（agency theory）的观点，国有企业受制于行政管控，而非经济约束，因此政府干预不可避免；同时，国有企业管理者也通常缺乏进行创新活动的动机。所以容易得出来的结论是，国有企业的创新能力不如私营企业。

对此，有学者针对一篇关于中国企业创新的学术文章进行了讨论，认为国有制与企业创新之间存在着倒 U 形关系，29.18% 的国有比例最有利于企业的产品创新（Zhou et al.，2017）。同时，在产业竞争激烈的情况下，或在企业的初创期，国有制结构能够更为有效地将创新投入转化为创新产出。研究结果也显示，制度条件的发展并没有削弱国有制企业的资源优势，这可能是因为随着制度条件的改善，国有企业虽然从政府获得的资源减少，但由于市场规范压力的上升，国有企业也会进行更多的创新投入，从而降低制度发展的调节效应①。

历史上，一些国有企业的实践也体现了这种创新热情。经历了早期供大于求、粗放经营的阶段后，这些国有企业开始把注意力放到质量的提升和新技术的开发上。海尔集团、联想集团、四川长虹电子控股集团有限公司等企业在 20 世纪 90 年代之前的国有企业中，都是寂寂无名之辈。它们没有得到国家政策的特殊倾斜，然而都因为有一位杰出的领导者并且在各自的行业中率先完成了技术改造和管理提升，而在市场竞争中站住了脚跟，得以迅速脱颖而出，相继成为新一代国有企业的翘楚。而那些试图寻找政策保护，甚至期望通过治理整顿净化行业秩序的老牌大型公司，则不可避免的持续沉沦，最终成为时代的落伍者（吴晓波，2017）。

---

① 周宪. 国有制体系下如何促进企业创新? http://www.sohu.com/a/146588539_390539 [2017-06-06].

从中国企业发展的历史来看，国有企业和民营企业（包括乡镇企业）之间一直保持着微妙的关系。对国有企业自主权的不断放开，客观上促进了技术要素的流动，这也体现在很有中国特色的一类企业——乡镇企业①上。在中国近几十年的发展中，乡镇企业发挥了很大的作用。20 世纪 80 年代，乡镇企业刚开始发展时没有原材料，没有技术，没有熟练的工人。那么，这些生产要素是怎么来的呢？唯一可能的答案便是从国有企业那里借来的，乡镇企业的很多设备是国有企业淘汰下来的，乡镇企业的技术是城市里的工程师在周末偷偷下乡传授的，乡镇企业的工人中有不少在国有企业里受过基础培训，而乡镇企业的市场往往是国有企业不屑做的，这就是“创世纪”的状态，乡镇企业唯一可倚重的是，农民创业者比城里的厂长，更加热爱他们的企业，认为这是自己的事业（吴晓波，2017）。后来各种“联营”“经济联合体”的做法，虽经历了各种曲折，但更促进了生产要素从国有企业向乡镇企业的流动。

国有企业和民营企业的互补关系也体现在更大的格局下。《改革开放 40 周年浙商生存发展报告》认为，改革开放 40 年，浙江经济所有制结构变化的最明显趋势是，国有经济市场主体所占比例减少，但质量更优，起到了四两拨千斤的“压舱石”作用；民营经济市场主体所占比例则迅速上升，从而推动市场经济成熟度与经济活力，领跑全国。而且，从区域上讲，以“温州模式”为核心的“南浙江”和以“杭州模式”为代表的“北浙江”互相追赶、彼此辉映。

在随后的演化中，一些中国企业逐步成为创新型企业。创新型企业既是

① 乡镇企业是以农村集体经济组织或者农民投资为主，在乡镇（包括所辖村）举办的承担支援农业义务的各类企业，20 世纪 80 年代以来得到了快速发展，是很多民营企业的前身。中国民营公司的成长，从一开始就有两个源头，一个是华西村式的乡村基层政权及其集体企业组织，一个是鲁冠球工厂式的自主创业型企业。

一个政策概念[①]，也是一个状态概念。仅就曾认定过的542家创新型企业而言，2011年，这些创新型企业的发明专利申请量占中国大中型工业企业发明专利申请量的55.8%，占中国全国规模以上工业企业发明专利申请量的40.5%（中国创新型企业发展报告编委会，2013），成为各行业研发能力提高的先行者。后者意味着，越来越多的企业开始主动地将技术要素纳入自身的生产函数中，而且这些技术不是源于购买，而是源于以自身为基础的、伴随着科研组织构建的研究开发。这对中国企业的演化而言，是一种根本性的转变。

中国企业在创新模式上与时俱进。近些年的案例来自内部创新。吉福特德·平肖和伊丽莎白·平肖夫妇1978年在《企业内部创业》一文中提到了内部创新这个概念，他们通过对美国明尼苏达矿务及制造业公司（3M）、杜邦（DUPONT）、德州仪器（TI）、国际商业机器公司（IBM）等企业的考察，认为企业内部如果没有广泛存在的创业精神，公司发展就会陷入发展困境，逐渐走向衰亡。2000年，华为技术有限公司提出了内部创业管理办法；目前，海尔集团、上海汽车集团股份有限公司、中国中信集团有限公司、中国互联网三巨头（BAT[②]），甚至中国科学院西安光学精密机械研究所等也广泛开展了内部创业活动（蔺雷和吴家喜，2017）。

第二节　科研机构的改革探索

科研机构的活动也体现着科技与经济的结合。第四章提到工业技术研究院（简称工研院）现象，很多工研院就是地方政府面向应用促进科技与经

① 2012年以来，科学技术部、国务院国有资产监督管理委员会、中华全国总工会曾认定、评价命名了542家创新型企业，各地方也认定和命名了8000多家省级创新型（试点）企业。

② BAT，B指百度、A指阿里巴巴、T指腾讯，是中国三大互联网公司百度（Baidu）、阿里巴巴集团（Alibaba）、腾讯公司（Tencent）首字母的缩写。

济结合的一种探索。从整体上看，工研院呈加快发展趋势，在促进技术成果转化、培育新兴产业方面发挥了积极作用。但是，在面向市场发展过程中，这些机构在体制方面存在一些矛盾，这些矛盾根本上来源于没有按经济规律办事。地方工研院大多实行“一院两制”，同时依据事业单位、企业的相关规定管理。地方工研院通过一些“擦边球”的措施可使其相对灵活地游弋于各类体制的边缘，便于综合利用多方资源，但体制上的矛盾不利于其长期、可持续发展。也有少部分工研院，在法人属性上注册为民办非企业。

随着中国新一轮事业单位改革的推进，注册为事业单位的工研院利用多种体制获得优惠的空间会逐渐变小，“一院两制”等发展模式有可能难以持续。少数注册为民办非企业的工研院在管理中缺乏配套的政策支持。这种体制上的模糊，也对运行机制产生了不良影响。

第一，研发活动的公益性难以长期维持。工研院的收入主要来自市场，这有助于提高其为企业服务的能力，但如果业务活动过于偏重创新链后端，就可能和企业产生直接竞争关系，其自身前瞻性、基础性的技术开发能力也会减弱，最终偏离公益性、应用型研发机构的定位。

第二，事业单位在人员、财务管理等方面缺乏灵活性。一方面，由于许多科技人员仍然较为看重事业编制，工研院没有事业编制或编制有限难以吸引高层次人才，团队规模受限，但事业单位的人员管理并不利于人员流动和激励。另一方面，工研院在开展商业活动和进行收益分配时，可能面临国有资产处置等问题。

同时，在面向应用的发展过程中，也要避免可能出现的体制回归，因为这是与应用导向相悖的。例如，在地方政府建立工研院过程中，有一部分工研院成为完全由政府设立的、按原有科研院所方案完整组建的事业单位。这并不是院所改革的初衷，也不符合技术创新的规律，更不符合科技发展在组织管理方面的国际潮流。这样的机构即使设立，其正面效果也往往是短期的。问题的根源就是只考虑科技规律，没有按照经济规律办事。

在创业服务机构中，这种应用导向更加明显，中国在创业服务机构方面的建设是不遗余力的，创业服务机构也是中央政府、地方政府都有条件进行建设的。例如，孵化器、众创空间的建立。

第三节　与科技经济相结合有关的人力资源

发挥科学技术在经济活动中的作用，最根本要体现在人的身上，也就是对人力资源的配置。这里指的人，不仅包括科技人员，也包括各类技术工人、创业者和企业家。例如，1949 年 9 月，中国人民政治协商会议第一届全体会议通过了具有临时宪法性质的《中国人民政治协商会议共同纲领》。《中国人民政治协商会议共同纲领》第四十三条规定：努力发展自然科学，以服务于工业、农业和国防的建设。奖励科学的发现和发明，普及科学知识；第四十七条规定：有计划有步骤地实行普及教育，加强中等教育和高等教育，注重技术教育，加强劳动者的业余教育和在职干部教育，给青年知识分子和旧知识分子以革命的政治教育，以应革命工作和国家建设工作的广泛需要。

《中国人民政治协商会议共同纲领》规定中华人民共和国成立初期科学工作的总方针，力求学术研究与实际需要密切配合，使科学能够真正服务于国家的工业、农业、国防建设和人民的生活（崔禄春，2002）。当时，人们已能够认识到自然科学对经济发展的服务作用。此后，历次人才政策出台高峰期所关注的中心问题之一，也是发挥科技人员参与经济活动、发展经济的作用。

另一个更为具体的事例发生在中国改革开放初期。1980 年 10 月 25 日，中国科学院物理研究所一位叫陈春先的科研人员，与其几位同事创办了一个别出心裁的组织——北京等离子体学会先进技术发展服务部（简称服务部）。经考证，这是中关村第一个民营科技企业，实际上，也可以看作中国第一家民营科技企业。

依托服务部，一些科研人员在业余时间参与应用技术开发，服务部以小时来计算报酬，每人每月最多不超过 30 元。当时，中国科学院物理研究所工作资历超过20年的科研人员的月薪可以达到105元。因此，这些额外收入在当时还是很可观的。这些额外收入以“咨询费”或“加班费”的名义发放。当时，无论是研究所还是媒体，都对此事有过激烈的争执。有人说，陈春先正在收买中国科学院物理研究所的科研人员，其基本方法就是恣意发“红包”，红包数额超过国家工资且隐匿不报（凌志军，2011）。这种现在习以为常的做法，在当时却经历了数年才被普遍接受。当时这种事例还有很多，从这些事例可以看出，应用导向落实在科研人员的业务活动中，社会各界经历了一个颇为周折的思想转变过程。

这种在人的身上体现出的技术应用能力有一个核心指标，就是劳动生产率。如何看劳动生产率的问题和“收入陷阱”紧密相关。“收入陷阱”的实质就是劳动生产率的增长速度，赶不上福利的增长速度。从这个角度来看，不仅是中等收入有陷阱，所有的收入都有陷阱。就是高收入国家，如果其劳动生产率增长速度低于福利的增长速度，也可能跌入“收入陷阱”。例如，阿根廷GDP排名曾经进入世界前八名，后来却面临财政体系崩溃的窘境。现在好多低收入国家，还在陷阱里面，因为它们始终找不到一个劳动生产率与其他国家相比较高的产业领域。

每个国家的发展都需要找到一个劳动生产率比较高的领域作为突破口，如中国就赶上了三次机会，第一次机会是20世纪80年代的纺织领域，以珠江三角洲为中心；第二次是20世纪90年代的机械、电器制造领域，以长江三角洲为中心；第三次是进入21世纪以来的信息技术领域，以沿海为中心，包括北京、珠江三角洲。

应用导向，绝非不关注科学技术自身的发展规律。到一定的阶段，政府和社会各界对科学技术自身也要调整，使科学技术的规律同步于经济发展水平。例如，原始创新变得越来越重要，而中国在这方面的经验不足，中国率先提出的原始科学思想和前沿探索研究方向不多。这意味着，一方面中国依托本国市场多样化需求和人力资本等传统优势的创新仍将存在，另一方面中国也需要逐步增强原始创新能力，培育更多创新型企业和科研机构。

第十章　资源配置

对中国而言，技术引进在近几十年的经济发展中发挥了很大的作用，这是后发国家在追赶过程中理性的选择。对此，本书将在第五部分中分析。本章重点关注中国自身的公共研发投入。中华人民共和国成立之初，科技投入大多是定向、非竞争的。后来，政府为了提高科研投入的效率，提高科研人员的积极性，开始大量采用具有竞争性的项目制、课题制。这样，以中央财政科技投入为主的国家科技计划体系就逐渐建立起来，成为公共科技资源配置的主要政策工具。

第一节　国家科技计划

中国的国家科技计划体系的建立大体经历了四个阶段。

第一阶段形成研究开发体系。1982 年，科技规划的主要内容被凝练为 38 个攻关项目，以“六五”国家科技攻关计划的形式实施，成为中国第一个国家科技计划。1982～1986 年，国家自然科学基金和 863 计划先后设立，初步形成了从基础研究、应用研究到试验发展的计划体系。

第二阶段形成产业化与推广应用体系。1986～1993 年，星火计划、火炬计划、国家重点新产品计划、国家工程技术研究中心、生产力促进中心和国家科技成果重点推广计划先后启动，加大了对成果转化的扶持力度，加上攀登计划，形成了面向经济建设的从基础研究到产业化和推广应用的完整的科技计划体系。

第三阶段开始向社会发展领域的公益性技术研究发展。1994～2000 年，中央级科研院所科技基础性工作专项、科研院所科技基础性工作专项启动。通过中小型企业创新基金计划，加大政府扶持力度，促进科技型中小企业技术创新。这个阶段形成了面向经济与社会需求的全方位的科技计划体系。

第四阶段更加注重资源的集成。“十五”期间，中国政府按研究开发、科技成果产业化和研究开发条件三大功能对科技计划进行了整合，形成了3+2计划体系。2006年发布的《关于国家科技计划管理改革的若干意见》对科技计划管理又进行了改革，将科技计划体系调整为基本计划和重大专项两类。

基本计划是国家财政稳定持续支持科技创新活动的基本形式，包括国家重点基础研究发展计划（973计划）、国家高技术研究发展计划（863计划）、国家科技支撑计划①（支撑计划）、国家科技基础条件平台建设计划四大主体计划，以及国家政策引导类科技计划。

与基本计划对应的是重大专项，即面向国家经济社会发展的重大需求，通过核心技术突破和资源集成，在一定时限内完成的重大战略产品、关键共性技术和重大工程。这样，国家科技计划体系具有“1+1”的结构。

1982年至今，国家科技计划从计划体系设置、计划衔接、经费管理、项目管理等方面进行了多层次、全方位的机制创新，促进了科技资源跨领域、跨部门、跨区域的衔接和优化配置。

在科技投入相对不足的条件下，政府通过科技计划的手段集成国家科技资源，为一大批国家经济与社会发展问题的解决和产业的发展提供了关键技术支持。国际科技计划，在关系国家长期发展和重大利益的领域进行了研究开发部署，在部分科学技术领域形成了一定技术优势和开发能力，使国家科技竞争力明显提高，为重点领域和新兴产业发展奠定了科技基础，促进了高技术产业发展，形成了较完整的科技基础设施。例如，863计划的实施，推动了中国高新技术产业发展，培养了一批高技术研究开发人员。

---

① 2006年，中国在原国家科技攻关计划基础上，新设立国家科技支撑计划。

第二节　国家科技计划的协调

中国的科技计划也面临着资源配置方面的问题，科技投入的规模越来越大，科技资源的类型越来越丰富，只有加强协调，才能有效避免可能出现的重复、交叉和脱节现象，提高科技资源的使用效率。上述计划很多是在19世纪80年代设置和组织实施的，受计划经济体制的影响，部分计划功能已不宜作为政府公共科技的职能。一些计划在完成基本任务后为获取资源而向其他方向发展，造成各计划主要功能的偏离和扩展功能的重叠。

加强协调需要着眼两个方面：一方面是不同类型计划间的协调，如基础研究、应用研究和产业化项目之间的协调；另一方面是跨部门的协调。后者的难度远远大于前者。对于前者，“十二五”以来政府进行了调整，以培育发展战略性新兴产业和突破经济社会发展瓶颈为两个重点，打破计划界限，形成按重大任务配置资源的新机制。科学技术部在制定国家“十二五”科学与技术发展规划的同时，面向战略性新兴产业、农业科技发展、民生科技发展等领域部署编制36项有关专项规划。

政府以专项规划为基础，选择专项规划中需要在国家层面强化部署、目标集中明确、任务分解清晰、有望在未来五年内取得突破性成果的重大战略产品、重大技术系统及集成应用示范工程，通过集成973计划、863计划、支撑计划等国家科技计划相关资源，统筹考虑项目、人才、基地，以“重点专项”的方式在计划中予以支持。

跨部门协调涉及科技资源宏观布局，长期是各界关注但协调乏力的领域。中国在这方面探索了两类基础性机制。

第一类是科字口的会商机制。为加强宏观统筹、促进科技资源的优化配置，科学技术部、教育部、中国科学院、中国工程院、国家自然科学基金委员会、中国科学技术协会等部门建立了科字口的会商机制，共同研究协商科技发展与改革的重大战略，凝聚共识，形成合力。同时，科学技术部、国家发展和改革委员会和财政部三部门建立了沟通协调机制，在协力推进重大专项、优化配置科技资源等方面发挥了重要作用。

第二类是部际合作机制。部际合作机制是加强部门协调合作，聚焦重大科技任务，推进科技资源宏观统筹，联合开展重大项目、共建重大创新基地的重要机制。依托这个机制，科技部门联合各行业部门实施了国家知识产权战略、中国应对气候变化专项科技行动、中国高速列车自主创新联合行动计划、国家道路交通安全科技行动计划、全民健康科技行动方案等一系列科技行动计划，开展了行业领域重大技术研发和应用。例如，中国高速列车自主创新联合行动计划取得技术突破，刷新当时世界铁路运营试验最高速度。科学技术部、公安部和交通运输部合作，联手推动公共安全专项行动。科学技术部与工业和信息化部、卫生部等共建国家重点实验室培育基地，促进科技资源与行业发展结合。科学技术部与铁道部、交通运输部的会商，凝练了一批行业发展的重大科技需求，“中国高速列车关键技术研究及装备研制”“港珠澳大桥跨海集群工程建设关键技术研究与示范”等项目通过 863 计划、支撑计划等渠道实施。

这两类机制是商议性质的协调，不能从财政投入的源头实现协调。2014 年，科技资源配置多年不变的格局有了变化，中央政府以科技计划改革为突破口，深化中央财政科技计划（专项、基金等）管理改革，把国家科技计划重新组合成五大类，形成了全新的国家科技计划体系。

与之配套，政府不再直接管理科研项目，而是依托事业单位建立专业管理机构。未来一些社会化的专业管理机构也可能承担国家科技计划项目的过程管理。同时，中央政府对国家科技计划总的管理办法，以及各类计划的管理办法也进行了调整，如《国务院办公厅关于印发国家科技重大专项组织实施工作规则的通知》《国家科技重大专项（民口）资金管理办法》等。

政府配置公共科技资源的目的，是提供公共科技产品。围绕科学技术要素的公共产品有很多类型，其中与创新密切相关并具有公益特征的一类是共性技术。共性技术是对整个行业产业技术水平、质量、竞争力的提高起关键作用、带动作用的技术。共性技术在整个技术创新链条中处于基础性地位，往往是跨产业部门的关键技术，能够为多项其他技术的进步、产业的发展提供支撑，具有广阔的应用前景，为众多用户所使用。

围绕共性技术进行资源配置的过程涉及一些微观层次的机制问题。共性技术大都是竞争前的技术，兼具公益属性和竞争前景的基本特点，容易导致市场和组织等的“失灵”，从而产生供给不足、整体水平提高困难的现象。

针对共性技术开发应该采取什么样的组织方式，存在很多不同的观点。有观点认为，企业不具备这方面的能力，公共科研院所具有不可替代的作用，但因曾经的行业科研院所在1999年前后已经陆续进行了企业化转制，所以当前缺乏开发共性技术的主体。也有观点认为，一些企业以内部研发体系为基础，注重外部合作，也可以很好解决共性技术问题。以宝山钢铁股份有限公司为例，该公司内部的共性技术研发集中在自身设立的研究院，对外与国家自然科学基金委员会联合出资设立钢铁联合研究基金，与钢铁行业多所院校建立战略合作关系，并通过参加国际钢铁协会活动等渠道获得最前沿的技术信息。在这些共性技术研发、推广、应用、交流的过程中，各参与方有技术资源共享的机制，也有模拟技术市场的机制。

第三节　创新的整体效率

改革开放以来，中国在生产总值、投资、出口、科技投入和产出等方面都表现出飞跃式的变化，从总量来看很多指标都迅速达到了世界的前列，甚至是第一、第二。从人均来看，大多指标虽然在国际上仍处于中等或偏下水平，但也得到了很多改善。这种总量和人均的反差，使人们在进行一些分析和判断时往往产生语境的不一致。例如，当说到创新能力时，一些人关注总规模，一些人关注人均，也有一些人关注效率。由于观察视角的差异，指标设计者在进行价值判断和路径选择时会感到迷惑，毕竟每类指标都有其优点和局限性。

效率是资源配置的重要议题，本书从效率的角度来观察中国的科技创新。由世界知识产权组织（World Intellectual Property Organization，WIPO）、康奈尔大学（Cornell University）、欧洲工商管理学院（Institut Européen d'Administration des Affaires，INSEAD）等机构共同发布的全球创新指数，是国际上分析一个经济体综合创新能力和创新效率最权威的指数之一，关注的范围覆盖全球100多个国家和经济体，在国际上被广泛采用和比较。

该指数有两项综合性指标：一项是创新指数，采用各项分指标的平均值，反映一个经济体的创新能力；另一项是创新效率比（innovation efficiency ratio），采用产出类指标与投入类指标的比值，反映创新效率。相对而言，前者在国内受到的关注较多，但后者也具有深刻的政策含义。

近年来，中国在全球创新指数中的排名从2012年的第34位上升至2018年的第17位，反映了中国创新能力的大幅度提高。同期，中国的创新效率比排名也相对稳定，除2013年的第14位外，其余年份均处于前10位（图10-1）。这反映出，中国的综合创新效率在国际同类比较中并不落后。虽然全球创新指数的创新效率比指标在2012年才启用，但这一结果也从侧面印证了长期以来中国科学技术对经济发展的支撑作用。中国将自主研发与吸收借鉴国外科技成果有效结合，用力所能及的投入，得到了较好的经济效益。从这个角度看，中国总能够在不同阶段采用适合这个阶段需求的科学、技术资源，既满足发展需求，也不会太超前投入。

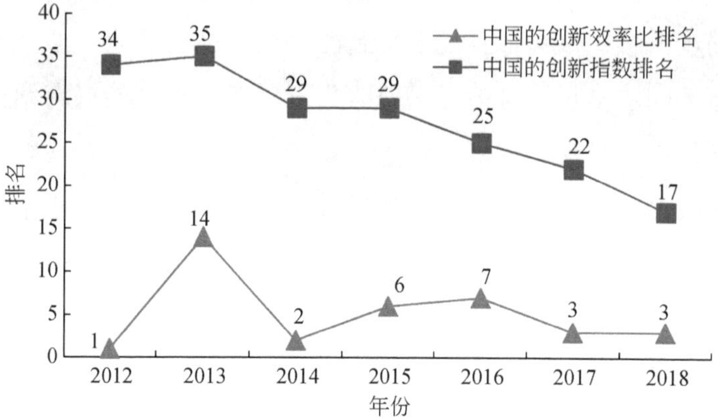

图10-1　中国的创新指数和创新效率比排名变化

由于创新效率比受投入、产出两类指标影响，对创新效率比这一指标的理解不能仅停留在数值大小上。例如，创新效率比的上升可能是由于投入类指标的下降（产出类指标不一定上升），而创新效率比的下降则可能是由于投入类指标的更快上升。从2012～2018年的结果来看，创新效率比排名处于前列的既有瑞士、爱尔兰等创新型国家，也有马耳他、摩尔多瓦等创新表现并不突出的国家（表10-1）。

表10-1　2012～2018年创新效率比排名前3位国家

排名	2012年	2013年	2014年	2015年	2016年	2017年	2018年
1	中国	马里	摩尔多瓦	安哥拉	卢森堡	卢森堡	瑞士
2	印度	摩尔多瓦	中国	瑞士*	马耳他	爱尔兰	卢森堡
3	摩尔多瓦	几内亚	马耳他	卢森堡*	爱尔兰*	中国	中国

* 中国《国家创新指数》报告中的创新型国家

主要创新型国家的创新效率比排名也反映出这一特点。2013～2018年，美国、英国、德国、日本等国家的创新效率比在全球排名中大多处于20～80位。德国排名相对靠前，2015～2018年处于第10位左右；2018年，美国、英国、韩国分别处于第22、21和20位，法国处于第32位，俄罗斯作为传统科技大国则处于第77位。

因此，衡量一个经济体的创新活动，关键在于关注创新能力指标，离开了创新能力谈创新效率几乎没有意义。不要单独追求创新效率指标，而是要将其作为同步的参照性指标，配合创新能力指标进行监测。如果产出类指标与投入类指标同步增长，且前者增速略高于后者，则既能提高创新能力，又能提高创新效率，是一个经济体促进创新的理想状态。

在大多数投入类指标保持增长的情况下，中国创新效率比排名保持国际前列实属不易。从具体指标上看，这主要得益于知识和技术产出指标、创新产出指标的同步增长（图10-2）。同时，制度指标在2012～2018年呈现持续改善趋势，包括政府效率、法规质量、商业环境等，反映出中国在科技体制改革、体制机制创新方面取得的进展①。

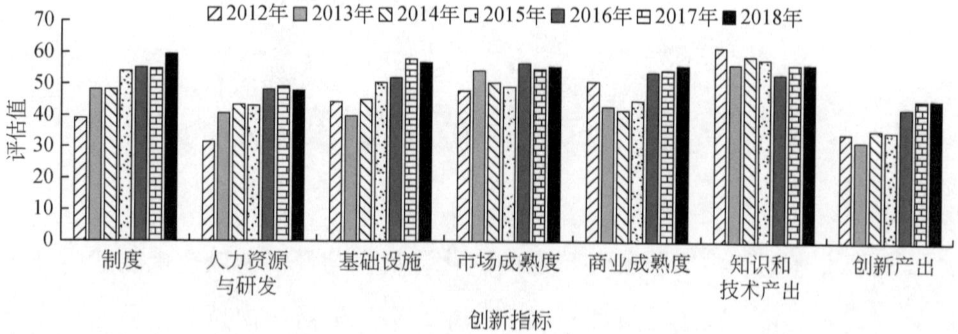

图 10-2 中国各类创新指标变化情况

前 5 类为投入类指标，后 2 类为产出类指标

数据来源：2012 ~ 2018 年《全球创新指数报告》，WIPO 网站

值得关注的是，中国的创新效率比排名基本稳定在前 10 位。一旦投入类指标大幅增长或产出类指标增长不快，就很容易造成创新效率比下降。但这并不直接意味着科技创新治理或科研管理的效率下降。如果科技管理部门或报告引用者对此没有必要的说明，可能会造成社会各界的误解，甚至会错误地引导舆论。因此，需要配合创新指数指标，将创新效率比指标也作为反映中国科技创新能力、国家创新体系建设的重要指标，向各界进行必要的宣传说明，既要客观反映科技发展改革的进展，也要反映知识密集型产业就业比例、中小投资者保护、市场环境等方面需要重点关注的问题。

---

① 此类指标采用的数据主要是通过问卷调查方式获取，受调查者多为跨国公司、各国商会等机构的代表。因此，这类指标也反映了国际社会对中国创新环境印象的改变。

第十一章 范式变化

除了上述基于中国阶段性特点的演化，科技与经济的融合也在适应技术经济范式的变化。技术经济范式是在一定社会发展阶段由技术创新引发主导技术结构变化，进而对宏观经济结构、微观经济结构和运行模式进行变革的过程。占主导地位的科学技术将以革命性的方式迅速实现产业化、市场化，不断对整个经济结构进行呈几何级数的渗透扩散，逐渐改变原有的生产方式、管理方式、营销模式及整个经济增长形态，从而形成经济活动新的范围、规模和水平。

林毅夫曾经就工业革命以来西方经济增长率突然加速进行了分析，他认为原因是技术创新范式（实际上也是技术经济范式）的改变。这种技术创新范式的转变对中国及世界产生了根本性的影响。18 世纪以前，技术创新以经验为基础，中国具有技术创新优势。中国肥沃的土地和适宜的天气都对农业生产十分有利，因此，中国能供养庞大的人口，而庞大的人口也意味着比起其他国家，中国有更多的农民和手工艺者来积累经验，促进中国社会的技术创新和经济发展。不仅仅是中国，古埃及和古印度等古文明国家都发源于大河流域土壤肥沃的地区。但是，当技术创新普遍采用实验的方法后，庞大人口失去其重要性①。

当前，以信息技术扩散融合为特征的新一轮技术变革正在全面发生，特别是互联网、大数据、人工智能与实体经济之间科技创新的深度融合已成为

---

① 林毅夫教授于 2017 年 10 月 27 日在英国剑桥李约瑟研究院第二届李约瑟年度纪念讲座发表演讲，演讲全文由王飘怡初译，首发于“财新”。

大趋势，数字经济、平台经济、共享经济、智能经济浪潮迭起，新技术、新产品、新模式、新业态不断涌现，人类社会正经历着自工业化大转型以来的第二次大转型，开始全面迈向数字化新时代①。中国正处在经济发展方式转变的关键时期，也是传统技术经济范式和新技术经济范式交叉重合期，随着新兴技术和新兴产业的迅速发展，技术经济范式呈现出的新特点，对科技创新活动的参与主体、组织方式等也将产生影响。

第一，作为关键生产要素的新兴技术呈现群发性和融合性特征，需要更加稳定、包容的公共研发平台。任何技术经济范式都是在科技创新与经济结构两者互动的关系基础上发展起来的。实现两者发生作用的最直接因素即关键生产要素，其主要特征包括：①成本较低并且相对成本迅速下降；②在长期内几乎无限的供应能力；③在整个经济系统中具有广泛的应用前景。

近年来，以新一代信息技术、人工智能、新能源、生物技术等为代表的新兴技术已具备了关键生产要素的特征，对其他新兴技术和产业的促进作用非常明显，而且这些技术在智能电网、移动医疗、新能源等领域正在发生耦合效应。与此同时，各领域多条技术路径正在激烈地竞争，这增加了企业技术路线选择蕴含的风险。面对这种竞争，公共科技投入需要更加关注开放、包容的公共技术研发平台，通过整合现有各类科研机构，以及加大对基础研究稳定支持等方式，保持对多种技术路线的持续创新和选择能力。

第二，全球产业分工的结构性变化导致企业竞争压力明显增加，需要由核心企业主导的更加敏捷、低成本的创新网络（李哲，2017）。2008 年全球金融危机以来，全球产业分工和贸易活动产生了结构性变化。新的生产组织模式将促使中国在全球产业分工中升级。目前，经济全球化采取的是“集中生产、全球销售”的生产组织模式，而基于移动互联、大数据等技术的分散式和社会化生产方式将使“分散生产、就地销售”成为生产组织新模

① 数据来自 2017 年科学技术部党组副书记、副部长王志刚在“2017—2018 中国经济年会”上关于创新型国家建设的发言。

式，这有可能从根本上改变现有经济全球化模式。

在产业结构调整过程中，各国企业都面临着比以往更加激烈的竞争，在提高创新能力的同时也需要同步提高创新效率，降低创新成本和风险，而由领先企业主导的多层次的企业群是保持创新活力和持续竞争力的关键。对技术企业创新的支持，需要从产业关联的角度围绕领先企业系统引导中小型科技企业群的发展，发挥企业间在技术开发、应用方面的协作效应，降低整个行业的创新风险。中国近些年的创新政策，不仅针对一些规模较大的科技型企业，也特别加大了对中小微企业的关注，面向个人创新创业设计了一系列有针对性的政策。

第三，科技创新资源配置主体和方式多元化，需要更加多元、协同的创新治理结构。近年来，随着中国科技投入大幅度增加，科技创新资源配置的主体日趋多元化，不仅涉及传统的来自政府部门的财政科技投入，来自企业、研究机构的科技资源也大幅度增加。从创新资源配置方式来看，除直接研发支持外，后补助、创新券等新的创新资源配置方式也被更加广泛地采用。

提高全社会科技资源的使用效率，既需要政府持续发挥引导和宏观协调作用，也需要政府更加强调多方主体的参与性、合作性，最大限度地调动社会各方面参与科技治理的积极性，提高研发活动的自组织能力。2017 年实施的《中华人民共和国民法总则》为社会团体、基金会、社会服务机构等非营利法人的发展奠定了制度基础。多主体、协同的治理结构将为国家创新体系的优化提供制度保障，并适应和促进新技术经济范式的形成。

第四，个性化定制需求逐渐旺盛，需要更加前瞻、深刻的用户参与。用户已经深刻地参与到创新的开始阶段，在新的技术经济范式形成过程中发挥着前所未有的作用。移动互联网、3D 打印等技术推动了制造模式更加贴近最终需求，制造业的“个性化定制”“柔性定制”将更接近现实，进而引发模具行业、机械制造行业等传统制造业在设计、生产、销售模式上的变化。中国城镇化发展、生态文明建设对新能源、物联网、新一代信息通信等新兴技术和产品提出了明确的要求。而且，与传统产业相比，新能源和节能减排等新兴产业在组织方式上具有不同的特点。在新能源工程建设和生产过程中，消费方已经深度参与，需要在工程设计、投资、建设的初期就和最终用户开展合作。在未来的创新活动中，不同于传统消费意义上的用户参与或市场培育，用户也将成为创新体系中一类不可忽视的主体。

第五，传统的劳动力成本优势将逐步减弱，需要更开放、宽松的人才红利释放机制。改革开放以来，中国制造业的迅速崛起主要依赖劳动力等要素成本优势，但这种要素成本优势将加速削弱。与此同时，中国劳动力结构也在发生显著变化，科技人力资源总量大幅增加，科技人才红利有望成为未来新的竞争优势。新的技术经济范式需要大幅提高劳动生产率，在创新体系完善过程中，中国政府特别注重通过人才使用、激励等方面的改革加快释放新的人才红利，用科技人力资源替代物质性的生产资源。

面对技术经济范式变革极其复杂深刻影响，政府需要通过科技体制改革和科技创新政策设计，使科学技术要素更好融入经济活动；也需要使经济活动更加依靠科学技术要素的供给。

例如，强化创新链后端政策。创新体系的最终目标是实现高质量、高效益的经济产出。当前，中国宏观经济动力机制的转换，根本上需要微观层面的企业发展动力转变；需要激发企业依靠创新求发展的内生动力；需要通过环境、质量、要素成本、反垄断等倒逼机制，促使企业把牟利动机转化为创新动机，特别是要有效保护企业通过创新获得的合法利益，要根据企业规模、领域的不同特点，分类加强公共创新服务，提供多元化的公共产品，降低企业技术创新的成本和风险，提高企业技术创新效率。同时，通过需求侧政策释放明确的市场信号，引导企业集成技术、资本、人力等资源，通过公平的市场竞争环境实现价值。

再如，迎接技术制度互动的新周期。共享经济、数字化等涉及政府治理、市场规则、生产方式、生活方式等各个方面，需要相应的治理水平来保障。一方面，注重科研活动自身的数字化。面向科研项目管理、大型科研基础设施、科学数据版权、专业人才、用户参与等问题实施科研活动数字化行动，明确科研活动数字化的重点内容和政策，提升科技自身的数字化水平。另一方面，注重所有利益相关者间的对话。在公共数据资源开放、基础设施建设等任务的设计和落实过程中，不仅需要政府部门间的协调，也需要在启动之初吸收行业组织、企业、（网上）社区等方面的代表参与。

同时，也要夯实基本创新制度。政府在创新体系中的主要作用，在于建立健全基础性的法律法规和政策，保持体系稳定。例如，落实科技成果转化的法律政策，确保公共科研机构和企业间的高效联系；修订《中华人民共和国反垄断法》《中华人民共和国专利法》《中华人民共和国公司法》等法律法规，研究制定产业准入负面清单、职务发明条例等政策，建立公平竞争审查、商业秘密诉前保护等制度；针对政府出资建设的科研机构制定法规或条例，通过法律形式明确其职能定位、出资人、运行管理机制等基本制度。

小结：

对人类的经济发展而言，技术进步十分重要，带来了财富爆发，也造成了巨大的收入差异。只有那些利用新技术创造新的生产函数的企业才能实现创新，进而引领产业层面的更新升级，其所在的国家才具有了创新力，这些国家也因此被公认为创新型国家。还有一些后发国家，能够把不同水平、不同类似技术要素有效配置到各类经济活动中，也能不断提高劳动生产率，在创新中受益，在创新中积累。在有了一定基础之后，随着自身科研能力的同步提高，这些后发国家也能主动实现创新，进入创新型国家行列。进入创新型国家行列，也就进入了发达国家行列。

这是一个艰难过程，从近百年的历史来看，除了英国、德国、美国、法国等几次工业革命的引领者外，只有少数国家做到了这一点。作为人口大国，考虑到人均因素，中国达到这种变化就难上加难。即使在21世纪的今天，世界上人口超过5000万、人均GDP超过3万美元的国家，也只有美国、日本、德国、英国、法国、意大利、韩国7个国家。

科技与经济的结合，就是科学技术不断作为生产要素参与经济活动。除了涉及公共科技投入的领域，这类议题要么是新政策、新制度的设立，要么就是改革。这样看的话，科技与经济的结合，就体现为国家创新体系的建设。这里用建设，而不是自发意义上的演化，主要是想突出人们对于制度的主动调整。

科学、技术具有不同的活动规律，再细分的话，不同类型的科学活动、技术活动也有各自的规律。这就决定了创新活动的多样性，要理解“同步调”，就是要理解这些规律在不同路径、不同阶段如何共同发挥作用。在过去几十年，中国劳动密集型产业、资本密集型产业、技术密集型产业的发展路径，以及技术引进、技术集成、原始创新等要素获取方式，如同广袤山林间的各条溪流一样，共同汇成了江河。

在这个过程中，社会各界力所能及地提高着对科研活动的投入。其中，财政投入针对经济发展中的问题，不仅在规模上发挥了带动作用，也从投入结构、投入方式上进行着引导，不断把改进投入效率作为历次改革的重点。这也造就了目前的中央财政科技投入形成的包括五大类国家科技计划的国家科技计划体系。省市一级的财政科技投入对经济活动的衔接则更为直接，类型也更加多样。与财政投入同时发生的，是越来越多的社会科技投入，这主要来自企业。

从演化的视角看，在企业层面，创新使创新者较非创新者有较大的优势，从而使创新者获得较多的利润。但这种情况只能是暂时的，非创新者也可以进行创新或模仿，后来者可逐渐赶上先进者，先进者会逐渐失去自己的优势。根据《在改革开放中成长——中国科技进步对世界的贡献与全球科技创新治理建议》蓝皮书，2017 年中国企业在全社会研发经费投入中的比例已经达到77%，超过了多数发达国家的水平。根据普华永道旗下管理咨询机构思略特（Strategy &）发布的《2016 年全球创新 1000 强研究成果》，2016 年共有 130 家中国企业进入全球创新 1000 强榜单，总研发支出达到 468 亿美元。《福布斯》杂志评选的2018 年全球最具创新力企业百强中，中国共有 7 家公司上榜。

根据欧盟委员会发布的以 2500 家企业①为基数的《2017 产业研发投入计分牌》（简称《报告》），中国（不包括港澳台）上榜企业数量快速增加，从 2014 年的 199 家上升至 2017 年的 376 家，成为上榜企业数量第二位的国家；中国上榜企业 R&D 经费投入从 203.3 亿美元上涨至 618 亿美元，增加了 414.7 亿美元，对全球上榜企业投入总额增长的贡献为 20%，超过日本、德国和韩国增量的总和；而同期，中国企业对世界企业 R&D 研究人员增长的贡献达到 50.2%，明显高于其他主要国家。《报告》也认为，与中国经济规模相

① 这 2500 家企业总部位于 43 个国家，2016 年每家企业至少投入 2400 万欧元研发经费，总额达到 7416 亿欧元，约占全球产业界研发投入的 90%。

比，中国企业的研发投入仍然较小。

数字往往比文字更加有力，这些变化既是科技与经济结合对中国发展的贡献，也是科技与经济结合对全球保持创新增长的贡献。在这个过程中，仅就科技与经济结合而言，经济规律是主要的规律，其目的是实现以研发为基础的创新。从改革实践来看，技术活动与经济规律结合的好，参照经济规律运行，往往会产生较好的效果；否则就会受到影响，甚至适得其反。技术活动（科学活动另有特点）脱离经济规律，形成自己的小循环，不仅发挥不了作用，而且有可能使技术投入变得低效甚至无效。

在技术经济范式发生变化的情况下，对规律的理解应用尤为重要。政府要因地制宜，采取新的制度设计。社会各界也要建立更多的合作渠道，实施有效、敏捷的共同治理。只有适应规律，技术创新的能力才能得到加强、效率才会提高。而且，以往围绕科技与经济结合的措施，大多是问题导向。在新的技术经济范式条件下，以往的经验不一定都有效。未来的科技与经济结合，也需要更多以目标为导向来考虑科技创新资源的配置。

第四部分　深层次的文化基础

真正的科学精神，是要从正确的批评和自我批评发展出来的。真正的科学成果，是要经得起事实考验的。有了这样双重的保障，我们就可以放心大胆地去做，不会自掘妄自尊大的陷阱。

——李四光

导读：

创新的成功，也得益于文化传统。从定义上看，文化是相对于经济、政治等而言的人类精神活动及其产品。文化是智慧群族的一切群族社会现象与群族内在精神的既有、传承、创造、发展的总和。它具体指历史、地理、风土人情、传统习俗，工具，附属物、生活方式、宗教信仰，文学艺术、规范，律法，制度、思维方式、价值观念、审美情趣，以及精神图腾等。

科技创新文化是指与科学、技术、创新活动相关的文化形态，是社会共有的关于此类活动的价值观念。这有大文化和小文化的差别，大文化是社会的整体文化氛围，涉及思想、道德、主流价值取向、是非观等方面，间接影响科技创新。而小文化则是上述领域与科学、技术、创新活动直接形成交集的部分，包括企业家精神、科学家精神、科研价值判断、公众科学素养等方面。

科技创新文化反映了社会对科学、技术和创新的态度，这种态度体现为一种价值取向，反映了社会是否对新思想和新变革容许、欢迎乃至积极鼓励（李惠国，2016）。从这个意义来看，文化对科技创新发挥的作用要比想象的大。不同文化条件会引发从业者对创新的不同认识，也会由此把科技创新活动带入不同的路径。

马克斯·韦伯（Max Weber，1864～1920）的著作《新教伦理与资本主义精神》从宗教的角度，为资本主义在西方的兴起找到了一个解释，并强调基督教新教伦理在构建资本主义价值体系过程中的决定性作用。他认为，英国、美国等国家的资本主义发展在思想意识起源上与基督教的宗教伦理有着密切的关系。

后来，有一些人把欧美国家的科技创新能力与资本主义制度联系起来，认为欧美国家之所以有创新，是因为资本主义的制度环境。针对这一观点，需要全面考虑。虽然美国、德国、英国等国家在科技创新的不同方面各有所长，但是世界上还有很多国家也实行资本主义制度，这里面也包括大量的经济欠发达国家。

因此，不能简单认为，资本主义制度有利于创新，最多只能说在英国、美国、德国这样的资本主义国家①（霍尔等，2017），现代科学生根发芽，并使基于研发基础上的创新得到了快速发展。如果这样说的话，反而恰恰证明了这种创新能力与英国、美国、德国等国家的文化有关，而不是仅仅与资本主义制度有关。

文化因素可以分为几个层次，如从国家、团体、个人等角度会观察到不同的文化现象。但最终使文化因素发挥作用的，一定是人，是由人自觉或不自觉表现出来并作用于自身和他人的那些非制度的因素。这就意味着，有些因素作用到人身上后，会刺激这个人去创新，并逐渐形成正反馈。这些正反馈中各个环节涉及的与科技有关的文化因素，就是本部分关注的重点。

发挥作用的文化因素包括有利于科技创新的思想、态度、信念等。其中，最重要的是科学精神、企业家精神及由此形成的道德准则、行为规范。例如，科学共同体内部的科学道德准则和行为规范，科学技术成果应用于社会所应遵循的科技伦理，以及企业家、科学家的社会责任等。

一种观点认为，中国没有适合科学技术创新的文化，但是从实际情况看并非如此。一个实现几十年快速经济发展的国家，不可能没有科技创新文化作为支撑。科技创新文化并不是一个或几个孤立的现象，而是涉及社会发展很多方面的综合性表述。因此，关于中国有没有科技创新文化的问题可以转换为，在文化上，中国有哪些因素促成了近些年中国在科技创新方面的成功?

中国的科技创新方化，有历史传承方面的元素，也有现代经济形成过程中融合产生的元素。前者包括勤奋、注重教育、家国情怀等有历史根源的内容，后者则是近几十年来，特别是改革开放以来融合释放出的文化元素，如企业家精神、工匠精神等。

---

① 这几个国家虽同为资本主义制度，但实际上也存在很大不同。

第十二章　历史底蕴

中国古代曾有过居于世界领先地位的科学技术，正如英国著名科技史学家李约瑟（Joseph Needham，1900～1995）所言，中国的科学发现和技术发明曾经远远超过同时代的欧洲，特别是在15世纪之前更是如此①（乐爱国，2002）。由此，著名的“李约瑟难题”产生了，他在《中国科学技术史》中提出此问题：尽管中国古代对人类科技发展做出了很多重要贡献，但为什么科学和工业革命没有在近代的中国发生？

对此，人们进行了很多辩论。吴国盛（2016）围绕“什么是科学”的阐述有利于对“李约瑟难题”的思考。他认为，是以科学哲学的方式来回答“什么是科学”这个问题，还是以科学史的方式来回答，取决于发问的背景和动机。只要调整科学的定义，就可以使“中国古代有科学”和“中国古代无科学”都成立。但科学的定义不是随意指定的，而是在历史发展中形成的，要准确理解科学，必须回到历史之中。

第一节　儒家文化的影响

历史从来都是塑造一个国家的深层次因素。科学技术总是在特定的文化背景中孕育并得以发展，因而必然会在一定程度受文化的影响。而讨论与科技创新有关的文化，则必然会和历史联系在一起。说到文化这一概念在中国

① 严格地说，李约瑟指的科学并非现代科学，在这一点上他将古代科学（主要是博物学）和现代科学的概念模糊了。

的渊源，可能要从《周易》说起。《周易》在中国传统文化中具有重要地位，《周易·贲卦·彖传》有言：观乎天文，以察时变；观乎人文，以化成天下。后一句中的“文”和“化”结合在一起，就是所谓的“文化”（乐爱国，2006）。

儒家文化、佛教文化、道教文化三大文化体系都曾对中国古代科学技术的发展产生过影响。但是，从文化学的角度看，儒家文化作为主流文化，对中国古代科学技术的影响应居首位，是促进古代科学技术发展的主要文化（乐爱国，2002）。儒家文化对中国古代科学技术发展的影响，至少有三个方面。

首先是对自然、科技的直接研究。儒家文化讲“天人合一”，所以重视自然，研究自然，尤其在研究自然的过程中，形成了系统的自然观，而这正是中国古代科学技术的重要组成部分（乐爱国，2002）。从中国古代科学技术的发展看，中国古代科技体系中的数学、天文学、地学、医学和农学五大学科的形成和发展均与儒家文化有着非常密切的关系（乐爱国，2002）。

围绕这五大学科形成的文献分散于中国古籍之中。中国古代的著作大致可分为经、史、子、集四类，因不同于现代的图书分类，而统称古籍。其实，在经、史、子、集的分类中，也有科技类著作。以四库全书为例，其中的科技类著作主要归于“子部”中的“农家类”“医家类”“天文算法类”“谱录类”，此外还有“史部”中的“地理类”。但是，这些科技类著作的数量与文史类著作相比显得微乎其微，因而往往被忽略（乐爱国，2006）。这种现象，在世界上大多数国家、地区或民族的历史文献中也类似。

其次是文化层面上的影响。儒家文化深刻地影响着中国人的价值取向、心理状况、思维方式、道德观念、宗教信仰、理想信念等精神生活的各个方面。其中，儒家文化对科技发展最直接的影响，同时也是最重要的影响，是对科学家及其科学研究的影响。

中国古代的科学家大都是在儒家文化背景下成长起来的，而且有不少科学家也研究儒家学说，并在儒学上颇有造诣，所以，大多数科学家的人格、价值观、学识要受儒家文化的影响（乐爱国，2002）。儒家文化发展的两个最重要时期，即儒家文化成为主流文化的汉代与儒家文化以理学的形式再次占据主导地位的宋代，恰恰是古代科技发展的两个最重要的时期，即汉代古代科技体系的形成与宋元时期古代科技发展的高峰（乐爱国，2002）。

儒家文化为中国的科技创新提供了一些基础性的文化土壤。例如，中国传统文化中有着强烈的家国情怀，家国情怀影响着很多中国的科研工作者。相对国际同行，中国科研工作者报效祖国的理念更为鲜明，钱学森、邓稼先、竺可桢、袁隆平、黄大年①等一大批科学家是其中的代表。爱国是再朴素不过的情感，但在和平年代，却不是每个人都会有直接的体会。家国情怀也与中国的儒家文化有着深厚的渊源，是“修身齐家治国平天下”的一种表现。

最后还有一项与创新有关的文化基础对科学技术发展有重要的影响，就是中国人对教育的重视。中国人十分重视子女的教育，这是为什么？中国的教育文化是如何形成的？从广义上说，这也是受儒家文化的影响；从个人角度，只有读好书，才有改变自己命运的机会。

中国人对教育的关注延续至今，但在全球化和市场经济条件下，也形成了新的特点，产生了新的现象。中国人对教育的重视没有变化，变化的是关注的重点。例如，在改革开放初期，出现了“学好数理化，走遍天下都不怕”的说法，这使得教育的重点不只在传统的学科，也在更加关注实用的科学技术学科。从创新角度看，这也为迎接当时的工业化、信息化大潮做好了心理和人才储备。这些科学技术学科教育，为大量企业提供了管理者、技

① 黄大年曾说：“我是国家培养出来的，从来没觉得我和祖国分开过，我的归宿在中国。”黄大年在英国剑桥 ARKeX 航空地球物理公司任高级研究员 12 年，担任过研发部主任、博士生导师、培训官，已拥有了优越的科研条件和高效率的研究团队，也过上了衣食无忧的富足生活。2009 年，他毅然放弃国外优越条件，回到母校吉林大学从事科研和教学工作。

术人员、一线工人。

在中国承接的历次产业发展中，从纺织业、机械工业到电子等行业，需要的科学技术知识越来越高。正是扎实的教育基础，使得中国保持了劳动力优势。不同受教育程度的员工有能力理解、使用和吸收一些国外引进的技术工艺，并进行改进和二次开发。如果做一下比较，就更加容易理解中国在这方面的特点。同样是发展中大国，根据世界经济论坛发布的《2018 年全球竞争力报告》，在全球 140 个国家和地区中，巴西毕业生水准、职业培训质量、数字技能、寻找熟练员工的便利度分别排在第 124、121、125、127 位，落后于多数国家。而中国相应的指标分别排在第 37、40、45、44 位。

在接受外部改变或外来思想方面，儒学的空间不大。在儒家文化背景下，理性科学是难以形成的，而理性科学是现代科学的基础。有观点认为，科学是一种十分稀罕的人类文化现象，起源于对自由人性的追求和涵养。深信“天人合一”、缺乏一个独立的自然界的观念，是中国古代没有科学的决定性证据（吴国盛，2016）。希腊理性科学的根本标志，就是出现了“自然”的观念。对于自然现象充满好奇心与悟性是一种与生俱来的能力，在人口众多的中国，应该会有更多具有这种天赋的人。那为什么他们没有探索出理性科学、实验科学等更好的研究自然现象的新方式？

中国古代的知识分子以入仕为出路，进入仕途之后以治国为己任。为了达到这一目标，知识分子需要熟读经典，特别是汉代独尊儒术之后，知识分子大多把精力放在深入钻研经书和古籍上，包括科学家、技术家在内的大部分知识分子以经学作为自己的进身之阶，身兼多种职能，注意力主要集中于现实的人世，关心的是治国平天下的政业，少有知识分子以自然界作为研究对象，以科学技术为终身事业（乐爱国，2006）。所以说，科学技术方面的变化只能主要发生在技术应用层面。

在宋代，依托各种生产活动，官府有意识地通过奖励、培养人才等方式利用科技提高生产水平。一些平民通过科举进入仕途后，乡土情结浓厚，体察下情意识较强，即使对于被视为“贱伎”的科学技术知识，也不耻下问，从而成为科技专家。也有一些人因出身贫寒或应举不中，开始专门从事科学技术研究，如发明活字印刷术的毕昇。《梦溪笔谈》中记录了木匠喻皓解决杭州梵天寺六角形多层木塔稳定性问题（这主要涉及技术）。对这些人，北宋政府也授予了他们一些较低的官位作为奖励，提高了他们的社会地位（吕变庭，2013）。对于官方培养的科技人才，政府往往采取垄断的政策，教学、管理、任用、提拔等都有严格的制度，如都水监、军器监等职务的设置（李哲，2017）。这是中国古代在科学技术发展方面的一般状态。

明代、清代的科学技术虽然也有所发展，但在传统小农经济的条件下，从事科学技术活动的人并没有发挥聪明才智的空间。明代以后，科举考试内容同近代化急需的科学技术更没有任何关系，导致了擅长于科学技术的士大夫只能将科技作为一种业余爱好，或作为升官的资本，他们的主要精力还是放在钻研四书五经上。这完全不符合现代科学技术积累所必需的专业性、高效性，导致中国社会中士大夫阶级的科学人才，虽然能做出一些有创新的成果，但整个社会却无法形成一种重视科学技术、重视人才的氛围①。根深蒂固的科举制度，关注发展行政技能而不是数学工程和技术，这就把那些本可以成为科学家或企业家推进科技发展的人给吸引走了（豪尔和泽德维茨，2017）。

第二节 东西方在科技发展上的分野

在15世纪末到16世纪初的地理大发现时期，欧洲通过航海探险把不同地域的人联系在一起，欧洲开创了世界历史的新时代。在航海所用帆船上，最重要的导航仪器是罗盘（决定方向）与星盘（决定维度）。罗盘是中国人发明的仪器，11世纪传入印度洋地区，12世纪中期传给了欧洲水手。星盘

---

① 曾磊. 明耶？清耶？有关中国古代科技成就的一点思考. 爱思想网，http://www.aisixiang.con/data/105472.html［2020-02-06］.

是希腊和波斯的天文学家通过测量太阳或北极星与地平面的夹角来确定维度的仪器（本特利等，2009）。明代的万历皇帝朱翊钧曾批准罗马天主教传教士利玛窦入京并建立传教会。利玛窦带来一台大的机械钟向公众展示，一台小的自鸣钟专供皇帝个人使用。可以报时的机械钟令万历皇帝和他的宫廷着迷，并迅速风靡中国的整个上层社会（本特利等，2009）。从这两个例子来看，科学技术知识在东西方之间流动时，西方相对更注重对科学技术知识在实践中的应用。

16～17 世纪，科学革命在欧洲发生了，而中国在科学技术领域相对停滞不前。从某种意义上，这造成了中国和欧洲在科学技术发展上的分野。在封闭、缺乏国际竞争的状态下，中国在一些领域的科学技术的自然演化甚至会趋于停滞。徐倬云撰在《汉代农业》一书中这样表述：在 1949 年以前，中国的农村变化不太大，我当时看到的农村基本上跟汉朝差不多。各地农村所用的机械类农具，如水排等都是在汉代就已经发明出来了（吴晓波，2015）。蒋廷黻（2012）在《中国近代史》一书中也提到了这一点：在嘉庆、道光年间，西方的科学技术已经打好了，而中国人还在那里做八股文，讲阴阳五行。西方于 18 世纪中叶开始用机器生财打仗，而中国当时的工业、农业、军事仍保存唐代、宋代以来的模样（蒋廷黻，2012）。

中国和欧洲在科学技术发展上的分野限制了中国的革新。直至第一次鸦片战争失败后，大多数官僚和知识阶级仍未醒悟，或不愿醒悟；只有极少数人认识到了技术对国力变化的影响，如林则徐、李鸿章等。但是，即使他们认识到了这一点，在实际操作过程中又面临着各种思想约束和同僚掣肘。

一个基本问题是，为什么道光年间的中国人不在第一次鸦片战争之后就开始维新呢？要知道，洋务运动是在第一次鸦片战争结束约 20 年后才开始的。蒋廷黻（2012）认为有几个原因，都和传统文化有关系：①中国人的守旧性太重。中国文化有几千年历史，保守思想根深蒂固，要国人承认有改革的必要是不容易的。②中国文化是士大夫阶级的生命线。文化的动摇，就是士大夫地位的动摇。一但实行新政，科举出身的先生们就有失业的危险。

③中国士大夫阶级最缺乏独立的、大无畏的精神（蒋廷黻，2012）。

同治三年（1864 年），李鸿章在写给恭亲王奕䜣和瓜尔佳·文祥的信中分析了国人在认识技术方面的自相矛盾、自我束缚之处，即无事则斥外国之利器为奇技淫巧，以为不必学；有事则惊外国之利器为变怪神奇，以为不能学（蒋廷黻，2012）。中国近代的工业化探索，就是在这种自相矛盾的社会思想基础上，摇摇晃晃起步的。

第十三章　科学文化

科学精神是一种社会文化现象，是在科学漫长的发展历史中逐步积累形成的优良传统、认知方式、态度作风、行为规范和价值取向等，表现为求真务实、诚实公正、怀疑批判、协作开放等精神。科学精神的最基本态度之一就是疑问，科学精神的最基本特质之一就是批判。此处说的科学精神基于现代科学，而现代科学则是基于理性科学、实验科学，也有学者认为现代科学与基督教文明有着密切的关系。无论理性科学还是实验科学，均起源于欧洲，它们不仅仅发生和作用于科学领域，也影响着社会的各个方面。与科学精神共同塑造科学文化的也有人本精神。人本精神意味着，人们关注科学客观发展的同时，也必须要从人类生存和发展的角度审视科学的发展。

第一节　科学精神

从古希腊开始，科学精神就是人类精神世界中的重要内容。公元前387年，柏拉图在雅典的以希腊英雄阿卡德米命名的运动场附近创立了学园——阿卡德米学园，这是西方历史上最早的高等学府。此后，学术相关的名词，如学术研究（academic research）、学术机构（academy）等也来源于此（书杰，2018）。从亚里士多德、托勒密，到伽利略、牛顿，科学越来越影响着人类认识世界的方式，影响着人类的哲学思考。

14～16世纪，欧洲发生了文艺复兴运动，其产生的原因在于，生产力的发展出现了新生的资产阶级，但当时的主流文化，如基督教和经院哲学已经不能够适应资产阶级的文化需求了，他们需要一场思想运动来表达自己的文化主张。于是，一场搜集整理古希腊、古罗马文化文献的思想运动应运而生，这就是文艺复兴运动（书杰，2018）。从这个意义上，文艺复兴与科学革命紧密相关，而科学革命弘扬了科学精神。

大约100年前，科学领域存在着三大矛盾（赵玉林，2017）。第一个矛盾是经典力学与量子力学、混沌理论的矛盾，前者以决定论为基础，认为只要知道初始条件和拥有足够的运算能力，未来就可以预测，而后两者则认为未来是不确定的。第二个矛盾是经典力学和热力学的矛盾，前者在时间观上是可逆的，认为过去、现在和将来遵循相同的规律，而后者在时间观上是不可逆的，认为在热力学中熵总是要增加（如果不对其做功）。第三个矛盾是热力学和生物进化论的矛盾，热力学中物质是向无序的方向变化，直至熵最大；而生物进化论则体现出从无序到有序的演化，并催生了复杂系统等理论。

这些矛盾中，有些矛盾人类还在争论，有些矛盾人类还无法给出合理的解释。但是，这些矛盾不仅仅推动着科学自身的发展，也充实和改变着人类的精神世界。例如，1814年，数学家皮埃尔-西蒙·德拉普拉斯（Pierre-Simonde Laplace，1749～1827）曾断言，根据牛顿定律，只要知道宇宙中所有粒子的当前位置和速度，理论上就有可能预测任何时刻的情况（牛顿式宇宙像钟表一样沿着可预测的路径运行）。随着计算技术的发展，这种理论上的可能似乎越来越有希望成为现实。但到了20世纪，这种想法便遭到了当头棒喝，而且是两棒，一棒是来自沃纳·卡尔·海森堡（Werner Karl Heisenberg，1901～1976）的量子力学的不确定性原理；一棒是来自爱德华·诺顿·洛仑茨（Edward Norton Lorenz，1917～2008）的发现所引发并被很多学科广泛讨论的混沌理论。量子力学和混沌理论摧毁了19世纪以来，人们面对自然、认知自然时的乐观心态。后来，量子纠缠现象的发现，使人们进一步从哲学意义上展开了唯物和唯心的讨论①。

---

① 对此有兴趣的读者可参阅柏浩然、成素梅等人的《“量子纠缠”的哲学解释及唯心主义与唯物主义辩论的终结》、成素梅的《量子纠缠引发的哲学问题》等文章。

再如，因果关系曾引发了科学体系的建立，科学研究也是判断因果关系的最重要的手段。但是，大数据技术的应用，使人们更加关注事物之间的相关关系，而非传统的因果关系，进而产生了科学研究第四范式①（数据密集型科学研究）。将一些领域的数据与其他领域的数据直接关联，就可能从现象里抽离出来最本质的规律，并获得新的认知。

从历史到今天，中国对科技的认知有着浓厚的实用主义、功利主义色彩，只要一项技术有用，它在应用和推广方面几乎是没有阻力的，政府、用户都乐意这么做。因此也就造就了中国人对科技的开放心态。从某种意义上，科学已被公认是中国进步必不可少的推动。

然而，这并不意味着，科学精神也同样被公认和接受。中国在发展过程中，快速地学习吸收了理性科学、实验科学的一些方法，但对这些方法在历史上的酝酿、争论、完善却没有直接的体验，造成了有形、直观的借鉴多，而文化层面的借鉴少的现象。虽然，科学活动已渗透中国社会的各个领域，科学的价值和地位也更高了，但是毋庸讳言，在一定的范围内或特定时候，人们对“科学是有用的”的承认，只是对科学所带来的结果的接受和承认，而不是对科学的原动力——科学精神的接受和承认②。从这个意义上讲，中国在科学精神方面是相对缺失的。

这种心态造成的不利一面，就是急功近利，进而无法建立自己的知识体系。没有自己的知识体系，使中国可以应用，但难以创新。有观点认为，人们在中国看到最多的是山寨文化，抄袭知识、复制知识，做大量毫无价值的知识复制，是中国知识界（不只是科研界）的大趋势，这和中国制造业的情况没有任何差别（吴敬琏等，2013）。因此，对科技创新文化的反思，不应仅仅停留在经济回报、科学普及层面，也需要更多科学精神、人文情怀。现有的科技创新文化会使中国在科技创新方面迅速赶上，但不能保证超越或

① 前三个分别被认为是以实验为基础、以理论为基础、以模拟为基础的科学研究范式。

② 引自“第一推动丛书”总序．湖南科学技术出版社 2018 年 1 月第 1 版。

领先。

曾有一个中国代表团参加某国际青少年科技创新大赛，国外孩子在展示成果的同时，还有一大堆实验日志，而中国孩子只提供了一个展板说明他们作了什么，这当中是没有实验日志的，为了弥补这种差距，中国代表团的一个孩子说，反正他们不认识中文，我们现在编一个实验日志（中国科学技术协会学会学术部，2008）。如果基本的实事求是都无法做到，还谈什么创新。会产生这种现象，可能的一个原因是，过于看重结果，而轻视了过程，这也是一种急功近利的表现。

科学精神的形成过程是长期而辩证的，在倡导科学精神的同时，也不能走向极端，把科学精神完全超脱于现实之外。即使在欧洲，人们对科学在功能方面的认识也是不断在调整的。例如，弗朗西斯·培根（Francis Bacon，1561～1626）提出"知识就是力量"，以批判传统的"知识无用性"，提倡用一种实用性的知识来认识和改造自然（书杰，2018）。一旦科学在应用层面的空间变小，社会大众就可能返回头来凝视科学，对科学给予新的期盼。科学精神就是在这样一种摇摆、反复中发展的。

第二节　人本精神

一直以来，科技活动表现为自然探索和技术进步两个功能，对普通民众的影响也限于新知识的获取与新技术的应用，往往表现在个人认知角度和经济活动层面，一般不对伦理、公共决策等社会因素造成直接的作用。但随着新发现与新技术日新月异的变化，特别是科技发展不确定性引发的种种忧虑，以及新技术手段带来的公共活动方式转变，科技活动成为社会视角下一项不可忽视的公众话题。

对科技最典型的社会关注发生在生物技术领域。在这个被经济学家、科学家寄予厚望的新兴领域中，许多关键技术的科研活动或商业应用都伴随着公众的巨大争议。例如，转基因作物，各国家或地区对此态度有着很大的差异。欧盟对转基因作物的种植处于保守的观望态度，有多个国家明确表示不同意种植转基因作物。与之相对，美国的转基因作物生产已经如火如荼地开展起来。

对于科技能否造成社会意识分化，本书不能妄加评论。但可以肯定的是，与以往由科技发展路线的选择引发的争议不同，对转基因作物的态度直接关系到对科学作用的评判。是放开传统观念对科技应用的约束，还是在社会意识和科技手段之间谋求一种平衡，是值得全人类思考的问题。

中国文化中“天人合一”的传统，虽然不怎么强调人与自然的互动，但对人给予了全面的关注。“天人合一”的归宿最终还是人，从这个意义上讲，“天人合一”促成了中国的人本思想和人本精神。而人本精神与科学、技术的交汇，会引发科技伦理的话题。

在后发阶段的快速工业化和经济增长过程中，相对于上述几种文化元素，人本精神恰恰是容易被忽视的。但经济有了基础，科学、技术的不确定性增加，人们必然关注伦理问题，这种关注进而会联系到人本精神。

由技术革命带动形成的工业革命，不仅对经济，也将对社会产生影响。这种影响可以被分成三阶段。以发生在英国的第一次工业革命为例，第一阶段是只有发明家和工厂主受益，普通英国民众并没有受益。第二阶段是全体英国民众普遍受益，但是在世界范围内其他国家民众未必受益。第三阶段才是整个世界收益，该阶段和第二阶段相差很长时间（吴军，2016）。

当前这一轮技术革命，即信息技术与其他领域的融合扩散（见第五章关于科技变革的分析），当然也会对经济结构、社会生活方式产生阶段性的或好或坏的影响。可能产生巨大影响的技术应用是人工智能、大数据等，它们会带动经济增长，也会对就业、公平产生难以预知的影响。例如，随着电子商务的崛起，很多批发行业的工作岗位就此消失了。

创新与就业似乎有某种天然的矛盾。技术的应用在一段时期内会使人失去工作岗位，造成大量的失业。而失业，尤其是市场不能为众多公民创造工作的结构性失业是最严重的市场失灵，是无效率的最大根源，也是造成不平等的一个主要原因（斯蒂格利茨，2014）。不平等会造成种种社会问题，甚至会造成社会的动荡，这在历史上并不鲜见。

1811 年，卢德运动首先在英国诺丁汉爆发，卢德派有组织地对工厂主的机器，主要是纺织机器，发起了破坏性进攻（海尔曼，2008）。一方面，当时人口的增长和 18 世纪出现的贸易高潮大大增加了市场对纺线的需求，而乡村工业无法满足这种需求的状况为纺织技术革命提供了推动力。另一方面，在纺织业中，操作手摇纺织机的工人过剩，延缓了自动织布机的使用，这也是爆发卢德运动的基本因素之一。

马克思在讲到经济发展时，曾引用了“卡夫丁峡谷”的概念。“卡夫丁峡谷”（Caudine Vally）典故出自古罗马史。公元前 321 年，萨姆尼特人在古罗马卡夫丁城附近的卡夫丁峡谷击败了罗马军队，并迫使罗马战俘从峡谷中用长矛架起的形似城门的“牛轭”下通过，借以羞辱战败军队。后来，人们就以“卡夫丁峡谷”① 来比喻灾难性的历史经历，“卡夫丁峡谷”成为“耻辱之谷”的代名词，并可以引申为人们在谋求发展时所遇到的极大的困难和挑战。

科学技术一直是把双刃剑，以牛顿、麦克斯韦、爱因斯坦、普朗克、波尔为代表的物理学家让人们重新认识了世界，但是曼哈顿计划又给人带来不能消散的恐惧，目前世界在核威慑中保持着大致的和平。用于武器的核技术虽然是极端的案例，但也始终提醒着我们科学技术的另一面。人类在发展和应用技术时，也需要不断调整社会制度，不能忽视了“以人为本”。只有坚持人本精神，才能与技术发展和平相处。如果社会制度和技术发展不相适应，也可能会使一些群体遭受“卡夫丁峡谷”似的经历。

---

① 对于卡尔·马克思的引用，有观点理解为“卡夫丁峡谷”是资本主义生产发展的过程。可以不通过资本主义制度的“卡夫丁峡谷”，就是可以超越资本主义生产发展的整个阶段，由前资本主义生产方式阶段直接进入以公有制为基础的社会主义生产方式阶段。

第十四章　创新文化

作为科研活动的主体，科学家、工程师取得突破依靠的是科学精神。创新的实现最终依靠科技，实施的主体则是企业家、一线生产人员，他们各自的成功归根结底要靠企业家精神、工匠精神和契约精神。

第一节　企业家精神

企业家不同于广义上的企业管理经营者，企业家是一批勇于创新、勇于承担风险的稀有人才，他们依靠创造力与执行力去改变企业生产函数。市场经济的发展不仅需要擅长保持企业生命延续性的管理经营者，更需要敢于带领企业突出重围以创新谋生存的企业家。企业家精神的核心价值表现为崇尚竞争、勇于变革、敢冒风险、追求卓越等。

那么，中国有无企业家精神？对此，有一种误区，认为中国缺乏企业家精神。实际上，只要有明确的利益导向，合理的市场规制，企业家精神就会爆发，在中国也是如此。当企业家意识到社会中存在某种潜在利益时，就会主动地投入资本，通过各种方式改进生产函数，以获取这种利益。

获得超额利润是市场经济条件下任何一个企业都具有的本质特征，也有人认为这是企业的本能。历史上很多学者都对此做过阐述，一个核心的观点是企业存在的根本意义就在于创新，而创新的前提是必须有公平竞争的市场经济环境。企业不等于生产单位，一个单纯的生产单位是没有创新的，如中国在计划经济时期的工厂就呈现出生产单位的状态。用企业来界定一个生产组织的时候，它的本质特征一定和创新联系在一起，并且通过创新来追求最大利润。企业的创新行为是和企业家精神密切联系在一起的。

把企业家精神分解，可以看到几个关键的要素，逐利、开放、规制。没有利益的刺激，企业家精神是不会自然发生的；没有开放的心态，企业家也不可能主动追求新的生产要素。而只有良好的规制，才能保证企业家对未来利润的信心，拥有开放的心态。

改革开放以来，中国企业从来不缺乏创新，20 世纪 70 年代末至 80 年代初，最典型的事例就是市场组织创新。当然，20 世纪 90 年代至 21 世纪初，创新又经历了从购买设备、技术换市场，模仿、集成，到提出自主创新。从跟随者到领导者，是“企业家精神”务实的、理性的、必然的选择。

伴随着改革开放，中国的一些时代用语也反映了一些看似平常却与创新密切相关的文化现象，呈现出一些现象级的特点。在 20 世纪 80 年代至 90 年代初的中国，从事脑力劳动的知识分子的收入，曾远远低于体力劳动者。当时有一句顺口溜“造导弹的不如卖茶叶蛋的，拿手术刀的不如拿剃头刀的”，说的就是这种“脑体倒挂”的现象。由于当时的科研人员工资制度，这个现象有不合理之处，如今“脑体倒挂”现象大部分也已消失，但是这句顺口溜反映的另一面，是当时公众对市场配置资源的疑虑。卖茶叶蛋也是一种创业行为，面临着商业风险，至少，人们从心理上开始知道，这种风险带来的收入差距。

又如，宣传口号“时间就是金钱，效率就是生命”，这是从竞争角度对企业家精神的阐述。这里，“时间”说的是时间成本，“效率就是生命”说的是竞争。如何提高效率，进而降低时间成本，就需要提高劳动生产率，这就涉及技术、管理等方面的改进。而技术改进往往对劳动生产率的提高更为持续、更为重要。

再如，人们对人员流动所称的“孔雀东南飞”。近年来中国西部、中部省区的一些科技人员、工人、农民迁往东南沿海地区，这被称为“孔雀东南飞”。有技术的人员向中国东南沿海地区流动，这实质上是在市场作用下实现的科学技术资源配置的优化。在欧洲，技术人员的自由迁徙在欧盟成立后才实现。

这里说的人员流动不只是高校人员，而是面向经济发展的技术人员、企业家。1987 年，深圳出台的《深圳市人民政府关于鼓励科技人员兴办民间科技企业的暂行规定》规定，深圳的科技人员，即使在深圳没有户口也可以注册民营企业。文件公布后，深圳在两三个月内吸引了几百家企业登记注册。曾任深圳科学技术局（现为科技创新委员会）局长的郝春民回忆称，在这一文件的助推之下，深圳形成了蔚为壮观的“孔雀东南飞”。之后，华为技术有限公司总裁任正非也承认，1987 年的文件确实对华为最初的创业起到了很大的刺激作用①。当时，有些声音希望通过行政手段限制这种人员流动，但依靠行政手段来解决人才“孔雀东南飞”的现状，对于人员流出地区很可能不但解决不了问题，还会起到反作用。

中国企业家精神的发挥与利基（niche）市场有着密切的关系。利基市场也称小众市场，著名营销专家菲利普·科特勒（Philip Kotler）将其定义为高度专业化的细分市场，其主要特征是市场规模较小，技术专用性较强，产品具有全球通用性。例如，德国经济的持续、高质量增长，很大程度上依赖其中小企业在众多利基市场的成功。据统计，德国中小企业在全球 1300 多个利基市场成为“隐形冠军”。

中国在全球市场或发达国家市场中取得冠军地位的企业，绝大多数也是在利基市场中经营②。例如，2018 年，中国国际海运集装箱（集团）股份有限公司、上海振华重工（集团）股份有限公司分别在全球集装箱市场、集装箱起重机市场占据第一，而其全球市场规模分别约为 80 亿美元、40 亿美元。再如，2018 年，全球市场领先的好孩子童车、格兰仕微波炉等产品，

① 新一轮创新竞赛深圳如何再引孔雀东南飞？21 世纪经济报道（广州），2016 年 7 月 26 日。

② 刘东，李哲．我国企业创新成长模式及对供给侧结构性改革的启示．中国科学技术发展战略研究院专题研究报告，2018 年 7 月 19 日。

其全球市场规模都在100亿美元以下，是典型的利基市场。还有研祥智能科技股份有限公司、大族激光科技产业集团股份有限公司等高技术企业目前在特种计算机、激光加工设备等利基市场处于国内第一、全球前列的地位。

对多数中国企业而言，根据自身的资源和能力，选择一个利基市场集中投入，创新成功率较高，有可能成为全球市场领先者。这些通过市场竞争获得的地位和回报，会带动这些企业更关注研发，进而激发新一轮的创新。

中国政府也具有很强的企业家精神，最典型的就是改革开放政策。如果说中国闭关锁国，那是在清朝末年。实际上，现在的中国市场，比大多数国家的市场都更加开放。这种开放有两层含义，一层是政策层面的含义，另一层是管理层面的含义。有人会问，这两者难道有区别么？实际上，前者强调的是市场的准入领域，而后者关注的是管理流程，更确切地说，是真正进入的可能性。

很多地方政府也是如此，积极营造有利于国际化的开放市场环境。例如，太仓构建了比较完善的对德人文交流机制，增进了相互的了解和信任。2008年以来，太仓连续在德国斯图加特、慕尼黑、杜塞尔多夫、弗赖斯高地区弗赖堡、多特蒙德、图特林根等地成功举办“太仓日”活动；太仓每年接待大批德国人士前来考察参观，定期举办啤酒节、足球友谊赛等交流活动，多次承办中德两国高规格双边会议，大大提升了太仓在德国的知名度和影响力。此外，太仓还建立了太仓驻德国办事处、中国德国商会驻太仓办事处两大双向沟通平台，有力推动德国企业进驻中国市场并稳步发展。

企业家精神在中国是普遍存在的，但表现最为突出的是珠江三角洲、长江三角洲等地区，这里是中国改革开放的先行地区。例如，深圳。作为中国近几十年来最大的移民城市，深圳孕育了海纳百川、包容万象的城市文明，其独特的城市气质为这里成长的商业力量赋予了一种敢于冒险、开拓创新的商业精神。在多年的发展过程中，深圳的许多企业家都在行业里“第一个跳出来吃螃蟹”，在极大的风险下抢抓机遇，在外部条件不成熟和外部政策环境不明晰的情况下，果断投入开展研发和产业化。在深圳的各类经验中，企业家精神是最难简单借鉴的，因为企业家精神既是创新的起点，又是创新的结果。

第二节 工匠精神

与创新有关的另一类文化特质是工匠精神。工匠精神的实质是生产人员的技术把控能力，如生产人员对新想法的实现能力、执行能力、执行的效率等。工匠精神与精益求精的技术追求有关。处于生产中的最前沿的复杂技术不是来源于科学知识，而是源于别的东西，布莱恩·阿瑟称它们为“深奥的手艺”（deep craft）。深奥的手艺不只是知识，还是一套认知体系：知道什么可以发挥作用，什么不可能；知道用什么方法、什么原理更容易成功；知道在给定的技术中用什么参数值；知道和谁对话可以使事情进行到底；知道如何挽救发生的问题；知道该忽略什么、留意什么（阿瑟，2014）。这种手艺性认知蕴含着共同经历的某种无法言明的文化。

在中国，普通蓝领技术工人，如工矿工人、炼钢工人、建筑工人、码头工人、仓库管理员等，他们的受教育水平较低，往往只有高中及以下水平，获得的工作收入也并不丰厚，但由于他们常年处于生产的第一线，能够第一时间发现生产过程中的困难及问题，并且在工作中积累了丰富的技术技巧和经验，在发明创造方面有其独特的优势（中国科学技术发展战略研究院课题组，2015）。

多年来，中国各地方企业不断涌现出普通技术工人技术开发的案例，受到了企业和全社会的广泛关注。例如，在山东日照港股份二公司工作，担任矿石卸船队主管工程师、技术组组长的张涛被称为“草根创新高手”。年轻的张涛主动牵头成立了课题攻关小组，研究解决抓斗卸船机时常出现行走液压站不正常、夹轮器油缸开启困难等设备制造商都束手无策的难题①。

① 滕以来，杨杰清．草根创新高手．中国国门时报．http://roll.sohu.com/20130722/n382263809.shtml［2013-07-22］.

同时，一些企业也为技术工人开展创新提供条件与平台，鼓励他们进行发明、创新。2004 年以来，江苏部分企业集团以一线蓝领工人姓名命名的劳模创新工作室纷纷成立。依托这类工作室，有技术手艺的劳模可以传授、培养很多青年技术骨干人才，实现由劳模“1 人作贡献”到“1+1 群作贡献”的提升。

中国农民创新活动层出不穷，小到生产生活的技术难题，大到世界性难题的解决，事实证明，农民也能够成为技术创新的重要力量。例如，草方格治沙技术①，就是由宁夏沙坡头几位当地年轻治沙工人在工作间歇中无意发现并经过多次试验后发明的。这种由普通工人发现并改进的“草根方法”在 1988 年荣获国家科技进步奖特等奖，获得了联合国的推荐，成为世界治沙史上一项重大技术突破（中国科学技术发展战略研究院课题组，2015）。

工匠精神不仅仅是一种理念，也需要有现实的教育基础。在这方面，世界上口碑最好的国家之一是德国。例如，“德国制造”享誉世界，拥有大量高水平的生产一线专业技术人员是重要支撑因素之一，而双元制职业教育则是基础性的培养途径。德国的《联邦职业教育法》对双元制教育模式的总体规划和具体执行有明确具体的规定，包括参与主体及其权利与义务、各主体之间的协同关系等。

中国也在不断加强职业教育，自 2014 年中国职业教育深化改革至今，职业教育已约占高等教育的“半壁江山”。但是，也存在一些问题需要关注，如人们思想上认为职业教育是“次等教育”；职业教育战略上定位模糊、同质化问题严重，教学中脱离“培养实用型人才”的宗旨、人才技能

---

① 20 世纪 50 年代中期，国家专门成立治沙小组，攻克流动沙岭对包兰铁路造成巨大威胁的问题。治沙小组由中国科学院治理沙漠科学考察队（现为中国科学院寒区旱区环境与工程研究所）等的科研人员组成，但尝试的“平铺式沙障”“沥青铺盖法”等科学方法都宣告失败，几位年轻工人在工作间歇无意中尝试将麦草插入沙中，形成各种形状，竟然起到了防风固沙的良好效果。经过多次试验尝试，最终确定 1m×1m 的草方格沙障最为有效。

的供需不匹配。再如，《中华人民共和国职业教育法》虽然提及鼓励企业、行业协会参与职业教育，但是并未对企业、行业协会的权利与义务进行说明；虽然支持教育机构与企业合作，但企业的参与方式多为自身建立职业教育学校或培训机构，或对在职员工或准备录用的员工进行职业培训，并没有真正加入社会化职业教育过程中。

解决这些问题，需要政府、行业协会发挥在协调产学双方需求、规划设计和过程管理等方面的功能，共同倡导工匠精神。行业协会作为政府与市场、学校与企业间的中介组织，政府应给予行业协会更大的自主权，密切行业协会与各方的联系。行业协会应积极参与职业教育工作，明确企业和学校的需求，充分对接协调，并将双方需求反映在职业教育的专业、教学内容、教学方式等职业教育规划与具体方案设计过程中。作为最了解企业的公益性组织，行业协会也应在参与职业教育的企业遴选、过程管理和绩效考核等方面发挥自身优势，为产学深度融合把好关。

第三节　契约精神

需要关注的还有契约精神。契约精神虽然看似与科学、技术没有特别直接的关系，但对于以其为基础的创新而言却是一类基本的文化底蕴。市场活动中，多种要素在进行交易与交换过程中要达到可以计算、判断和衡量的标准就需要存在一种最基本的约定，这个约定就是契约①。而契约精神是指存在于商品经济社会，基于契约关系的一种自由、平等、守信的精神。契约精神是降低交易成本的手段之一。现在的法治社会、法治国家、契约精神或者契约行为等概念，大都是近代以来在经济思想、市场交易的培育发展过程中形成的产物。

① 马云事件：中国人为何缺乏契约精神，http://news.cntv.cn/special/uncommon/11/0616/［2011-6-16］.

从中国传统的角度，中国既有也没有契约精神。说有，是因为契约精神是在儒家思想的框架下，体现的君臣、血缘等方面的关系，更多是伦理的范畴，如三纲五常，而非经济的范畴。说没有，则是从市场交易的角度。西周的时候，虽然类似合同的质剂①和傅别曾经出现（那也是中国历史上思想非常开放的时代），但是大规模重农抑商在当时还没开始。对此，有学者认为，中国古代的契约自始至终都被打上“社会化”的烙印，强调契约正义和社会正义的双重融合（刘云生，2012）。

随着现代经济的发展，中国创新能力强的地区，都有着良好的市场发育基础，也有着较好的创新文化。这个现象可以有很多解读的角度，如只有有钱的地方才会投入科技，才会重视科技。这里想说一个角度，就是市场培育的契约精神，它是创新能够形成的基本的文化基础。在中国经济更发达的地区，如在北京、上海、广州、深圳这样的大城市，契约精神就被更好地尊重和执行。一直以来，中国市场经济中很多行为并不是通过体制上的改革，而是通过机制上的改革去调整、理顺市场中各参与主体间的关系。

研发、创新等活动都有着很大的不确定性。契约精神是从市场发展中产生的，研发活动市场化水平高的领域，产生契约精神的土壤就会更好一些，而且这种精神也会延展至科学研究领域。最终，契约精神就表现为科技创新过程中的协作精神。

从科学、技术到创新，其自身的组织方式在变化，如从原来注重单项突破的线性模式，转向更为注重多学科交叉融合的非线性模式；从以往相对独立的组织形态，转向多机构协同的创新体系。

发明者的传统形象是，有着新奇创意的孤独个体为将创意转化为有用的人工制品而连年奋斗，最终被其同伴公民们所采纳。而现实是，在科层制的大公司中，数以百计的各种专业技术雇员组成的团队，通过一系列的基础研

① 质剂是写在简牍上，一分为二，双方各执一份。傅别是在一片简犊上只写一份借贷的内容，然后从中央剖开，债权人和债务人各执一半，椟上的字为半文。

究、应用研究、草案设计、开发、原型测试、样品展示、产品工程、消费者试用等阶段，来推进复杂的技术概念（奇曼，2002）。改革开放以来，与中国经济的高速发展相适应，与科技创新有关的契约精神也潜移默化地在中国萌发、扩散着。例如，创新思维模式需要更发散、包容，创新组织模式需要更开放、兼容等。

小结：

这一部分，我们讨论了“文化”这个非常重要但又难以务实的话题。中国文化对于科学、技术、创新的基础性影响，既有稳健、开放、积极的一面，也有浮躁、封闭、保守的一面。

相对于技术，中国文化对现代科学的抑制大于促进。如果没有过去二百年间屡屡遭受先进工业化国家压制、攻击的惨痛经历，中国人不一定有那么大的动力来发展技术。16 世纪以来，来自欧洲科学进步的衍生品，如钟表等机械设备，很早就通过官方渠道“进献”给了中国皇帝和贵族。除了天文历法等个别领域外①，这些行为与中国的科学发展并没有形成多少关联。中国文化与科学精神的关联，是随着中国现代经济发展而加强的。

虽然科学精神与经济发展水平有关，但相对于企业家精神、工匠精神，科学精神与经济发展水平的关系并没有那么大。一定的经济基础是必需的，特别是工业化的熏陶（而非简单的 GDP 多少），但更多在于人类在生活基本条件得以保障的情形下，对自然规律的探索。只有认识了自然，认识了自然与“我”的关系，知识才有了力量，这是科学精神得以发扬的本源之一。

在经济追赶阶段，科学精神隐藏在纷繁复杂的经济活动背后，容易被多种样式的组织形态、多种方式的资源配置、快速变化的 GDP 所掩盖。面向未来，中国在科学和技术方面需要有更多的原创能力，要努力成为世界上的科技强国，因此只从实用主义角度关注“科学是有用的”远远不够，必须要迈上科学精神这个山峰，之后才能面对广袤的高原。这个过程中，中国的

① 例如，汤若望（Johann Adam Schall von Bell，1592 ~ 1666）。汤若望是神圣罗马帝国的耶稣会传教士，在中国生活了 47 年，历经明、清两个朝代。他在中西文化交流史、中国基督教史和中国科技史上是一位不可忽视的人物，在明清朝廷历法修订及火炮制造等方面多有贡献。

实践也将为科学精神赋予新的元素。

以现代科学为基础的科学精神，与古希腊的科学、7 世纪兴起的阿拉伯科学、欧洲的理性科学、近代形成的实验科学有着深厚的渊源，中国培育的科学精神仍然需要从其中吸收大量的养分。需要注意的是，这并不意味着中国对科学精神的追求是对西方文化的追求，更不是西方化。

如果说科学精神是向内的，科学精神表面上是人类对自然的追问，更深层次上却是人类对自我的追问，是和自我的竞争。那么，企业家精神、工匠精神则是外向的，其主要是与他人的自由竞争。

企业家精神是创新文化的支柱。在封闭、僵化的计划经济条件下，企业家精神很难有发育的土壤。但是，一旦条件合适，这种精神在中国就像干涸已久的种子遇到甘霖后破土而出，奋力汲取着雨露和阳光。从中国的农村到城市，从企业到政府，从集体到个人，都在尝试着创造价值，他们开始追求市场、追求效率、追求精益求精，进而追求技术和管理水平的提高。在利基市场、中国市场、全球市场中，一部分企业获得了回报，被激发出更大的创新热情。

创新的灵魂是什么？是自由和竞争。自由，是在符合法律法规、遵守商业规则、明确权责条件下的自由，需要各界共同争取和创造。竞争，是自由条件下的优胜劣汰。没有竞争，也就意味着创新的死亡。

因此，严格地说，文化是难以通过计划、行动等方式在中短期营造出来的。如果说从公共治理角度需要做什么的话，那就是要尊重科学、技术和创新的各自规律，并按照这些规律引导社会形成崇尚理性、尊重知识、勇于竞争、鼓励创新、宽容失败的价值观。这样，企业家精神、科学精神、契约精神、工匠精神才会从各自的土壤中萌发壮大。

第五部分　重塑中的比较优势

中国有个特殊的优势，这是其他国家所没有的，就是“从1到多”，比如微信，不是中国发明的，0到1不是中国做的，但是一到多却是中国做的。因为中国有十几亿人。所以现在腾讯就变成了这个领域里世界最领先的企业。

——吴敬琏

导读：

在历史的进化树中，每一种文明都有其自身的演化轨迹，英国、美国等国家通过科学技术取得了国际竞争中的优势，科学技术的作用就会不断强化。对于原本没有这种优势的文明，一些偶然事件会改变这种轨迹。1640年，英国议会召开，英国开始了资产阶级革命。中国的历史轨迹迥然不同，1644年，李自成率军于农历三月攻入京师（今北京），而后，清军于十一月攻入山海关。18世纪60年代，英国开始了第一次工业革命（一般以1765年哈格里夫斯发明珍妮纺纱机为重要的开始标志），此时的中国处于康乾盛世（1765年是乾隆三十年）。1840年，中国发生第一次鸦片战争，而英国率先完成了第一次工业革命，生产力飞速发展，处于“日不落帝国”的全盛时期。

中国作为世界上少数连续未间断的强盛文明，有着顽强的文化生命力。试想，如果没有发生第一次鸦片战争，也许中国会沿着自己的轨迹继续演化。但是，近代的列强入侵改变了中国原本的演化轨迹。正因为中国曾由于科技落后一直处于被动挨打的局面，所以这个因素对后来中国的历次决策造成很大的影响。

美国经济学家罗伯特·福格尔（Robert Fogel，1926～2013）的一项研究精要地展现了人类的历史，即全球人口增长与重大事件和技术发明之间的关系。直到15世纪伊始，即哥伦布发现新大陆、第二次农业革命①（杨杰，1996）和第一次工业革命开始之后，经济发展和增长才开始加速。欧洲及其国外后裔建立的国家（美国、加拿大、澳大利亚和新西兰）才获得了高速

① 此处的第二次农业革命，指的是英国在1560～1880年发生的农业革命。这场革命使英国农业在生产技术、耕作方法和组织形式上发生巨大的变化，使农业生产率较快地提高到一个能够推动工业化和城市化发展的水平。

稳定的增长，并导致了和世界其他地方财富差距的不断增长——“大分流”（库尔茨，2016）①。在“大分流”前，世界各国在较低的生产率水平上几乎同步发展，至少没有那么大的差距。但是在“大分流”后，各国在经济发展方面就呈现出阶梯式发展的格局，这种差异细化于各个行业。

据马克斯·韦伯的研究，在13～14世纪，中国已处在工业革命爆发的边缘。有些学者研究发现，宋朝的科技和纺织业发展水平与英国爆发第一次工业革命前夕的水平不相上下。对此，有人认为，中国在宋代陷入了“高水平均衡陷阱”，传统的依靠肌肉力量和水力的技术达到了其效率的极限，但却没有足够的诱因跃升到使用化石燃料的技术。中国农业在中世纪经历了强劲的增长和变革后，最优的实践方法从中国南方农业核心地区传递到全中国，但中国农业基本上没有再出现重要的新技术。

历史学家伊懋可（Marke Elvin）甚至认为，中国没有发起自己的工业革命，恰恰是因为中国财富稳定和较高水平的科学成就。在“高水平均衡陷阱”中，未工业化的中国已经达到一个均衡点，其供给关系达到了良好平衡，拥有有效的生产方式和贸易网络，存在充足的廉价劳动力供给，因此没有什么激励政策来鼓励人们投入时间和资本去开发更有效的生产技术（豪尔和泽德维茨，2017）。

中国经济在1400～1900年是停滞的，安格斯·麦迪逊（Angus Maddison，1926～2010）估计，中国的人均GDP在1000～1500年从450美元增长到600美元（以1900年国际元表示的购买力平价计算），然后在1500～1820年，一直停留在600美元（莫里斯，2014）。

这种国家或地区经济发展的差异，使得发现和利用比较优势理论、相对优势理论等理论有了现实基础。大卫·李嘉图（David Ricardo，1772～1823）在其代表作《政治经济学及赋税原理》中提出了比较成本贸易理论（后人称为“比较优势理论”）。比较优势理论认为，国际贸易的基础是生产

① 第3章也涉及“大分流”的内容，其他经济史学家也有类似的研究结论。

技术的相对差别（而非绝对差别），以及由此产生的相对成本的差别。每个国家都应根据“两利相权取其重，两弊相权取其轻”的原则，集中生产并出口其具有比较优势的产品，进口其具有比较劣势的产品。

此后，大家在讨论一个人、一个企业、一个组织乃至一个国家所存在的某种优势时，常常会借用比较优势这一专有名词，泛指一个生产者以低于另一个生产者的机会成本生产一种物品的行为。如果一个国家在本国生产一种产品的机会成本（用其他产品来衡量）低于在其他国家生产该产品的机会成本，则这个国家在生产该产品上拥有比较优势。

与比较优势相关的另一个概念是后发优势。美国经济史学家亚历山大·格申克龙（Alexander Gerschenkron，1904～1978）在总结德国、意大利等国家经济追赶成功经验的基础上，于1962年提出了后发优势理论。该理论认为，后发国家在推动工业化方面具有有利条件，这一条件在先发国家是不存在的，是与后发国家经济的相对落后性共生的，是来自落后本身的优势。后发展是相对于先发展而言的，因而后发优势涉及的主要是时间纬度。

具有后发优势的国家，可以引进先进国家的技术、设备和资金；可以学习和借鉴先进国家的成功经验，吸取其失败的教训；同时，也可以找到替代性的发展路径。这种替代性是指，由于缺乏某些工业化的前提条件，后发国家只能创造性地寻求相应的替代物，以达到相同的或相近的工业化结果。替代性的意义不仅在于资源条件上的可选择性和时间上的节约，更重要的还在于使后发国家必须根据自身的实际，选择有别于先发国家的不同发展道路和不同发展模式。

自明代后期，中国在科学技术方面与欧洲已经形成差距，且差距越拉越大，直至两次鸦片战争，中国人才开始正视这一点。一旦外部条件具备，随着中国人解放思想，主动把握各种机遇，这种后发优势就会赋予中国在经济发展方面的巨大力量。

第十五章　技术引进

中国创新的一项重要经验，就是从始至终都重视后发优势的发挥。新中国成立以来，中国在不同时期，以不同方式进行了大规模的投资和国际技术引进。中国作为经济快速增长的后发国家，在经济的起飞和追赶阶段，通过技术引进、消化、吸收和再创新，最终在很多领域实现本国技术研发和自主创新。很多发达国家，如美国、德国、日本等都经历了这个阶段。此后，全球化使得中国企业成为国际工业体系中不可或缺的参与者，使中国产品有了巨大的国际市场（李哲，2017）。

第一节　改革开放前的技术引进

中国注重合理地吸收世界上的先进技术成果并通过技术引进来快速提高技术能力。中华人民共和国成立初期，技术基础非常薄弱，这时的技术引进措施，生产应用导向特别明确，技术引进方对所引进的技术进行了充分的吸收。在“一五”计划期间，中国先后分三批从苏联进口 156 个项目的技术和成套设备。苏联承担交付设计、供应设备、提交技术资料、派遣专家和接收实习生五方面的义务，五年中有 8500 名苏联专家来到中国。中国也向苏联及东欧社会主义国家派遣留学生 1700 多名（崔禄春，2002）。

1963～1966 年，中国政府先后同日本、英国、法国、意大利、联邦德国、瑞典、荷兰等国家签订了总价值为 2.8 亿美元的 80 多项工程的合同。1972 年 1 月 22 日，李先念、华国锋、余秋里向周恩来报送国家计划委员会《关于进口成套化纤、化肥技术设备的报告》。1977 年 7 月，国家计划委员会向国务院提出今后八年引进新技术和成套设备的规划（李哲，2017）。1977 年 7 月 17 日，国家计划委员会根据《1963—1972 年科学技术发展规划纲要》的要求，首先向国务院呈报了《关于引进新技术和进口成套设备规划的请示报告》（简称《报告》），《报告》提出，为加快实现四个现代化的进程，有计划、有重点地引进一批新技术和先进的成套设备，突出解决国民经济中的关键问题。这种快速吸收先进技术和经验的思路，为改革开放之初经济建设走上正轨作了思想上的铺垫。

这些引进的技术和设备，在社会主义建设中曾起到重要作用，奠定了社会主义工业化的初步基础，提高了工业技术水平，加快了工业发展速度，增强了中国自力更生的能力。《剑桥中华人民共和国史》中评论道：苏联技术援助和资本货物的重要性无论如何估计也不为过，设计能力的转让在技术转让史上前所未有。有学者认为，第二次世界大战后东西方阵营先后开展过两个规模庞大的国际援助计划，一个是美国重建欧洲的马歇尔计划，另一个则是苏联援助中国工业建设（吴晓波，2013）。在苏联援助中国建设的项目中，有相当大部分的工程和机器设备是由中国自己设计制造的（龚关，2010）。面对这种援助，中国并不是被动接受建设结果，而是主动地参与，并在过程中提高自己的技术能力。

20 世纪 70 年代后期，中国决定实行改革开放政策，通过寻求外国的技术和管理方法，推动中国经济发展，改善中国人民的生活状况；同时，通过鼓励中国科学家到国外学习和工作，引进外国知识、技术、组织和管理经验。1998 年，这些预期的目标都实现了，而且其规模是 15 年前无法想象的（国家科委和加拿大国际发展研究中心，1998）。

1992 年，邓小平在视察南方时对当地官员说，社会主义要赢得与资本主义相比较的优势，就必须大胆吸收和借鉴人类社会创造的一切文明成果，吸收和借鉴当今世界各国包括资本主义发达国家的一切反映现代社会化生产规律的先进经营方式、管理方法。我们不仅因为今天科学技术落后，需要努力向外国学习，即使我们的科学技术达到了世界先进水平，也还要学习人家的长处。从这个意义上讲，在中国不同阶段，中国在坚持自力更生的同时，始终在通过技术促进经济发展方面保持着开放的心态和做法。

需要特别说明的是，这种大胆吸收所针对的是当时中国社会上的思想状况，这意味着中国面向国内要解放思想，面向全世界要有开放的决心。不能狭隘地理解为这种“吸收”只是单纯地利用国外资源，采取“拿来主义”甚至是占了国外便宜。

在1978年3月召开的全国科学大会开幕式中，邓小平提到了科学技术是生产力，1988年这一论断进一步被提升为科学技术是第一生产力。20世纪70年代后期，中国政府面向发达国家开展了大量的考察，达成了一些共识。人们认为，欧洲国家之所以能在一二十年内实现国民经济的现代化，科学技术起了关键作用。欧洲国家共同做法：政府和大企业都设立专门的科研机构，投入大量的研究经费；都积极从别的国家引进先进技术和专利；都非常注重职业教育和技术培训，提高管理技能。欧洲经济的现代化，实际上是一次新的科技革命。

第二节　技术引进与后发优势

20世纪80年代，中国政府开始通过制度设计为市场化的技术引进提供基础，而不仅仅是由政府实施的不定期的引进措施。例如，1985年5月20日，国务院通过了《中华人民共和国技术引进合同管理条例》。即使到今日，也可以认为，中国经济体系的完善很大程度上得益于技术引进（或是伴随着投资而产生的技术溢出）。这一系列的技术引进、大胆吸收，都是中国政府结合自身发展基础和阶段做出的合理选择，甚至是最优选择。

中国的核电发展是一个典型的事例。中国广核集团有限公司（简称中广核）从几乎完全依赖国外技术和人才建造的大亚湾核电站，到拥有完全自主知识产权和国际竞争力的核电技术“华龙一号”，逐渐成长为有世界影响力的核电企业。20世纪80年代，是否发展核电？如何发展核电？这是事关中国重大工程领域发展路径的一次深刻思考、一次艰难抉择！当时，中国存在两种主张：一种是完全依靠自己；另一种是着眼经济全球化，利用国际资源把项目启动起来。中国政府最终选择了第二种方案。作为改革开放初期中国最大的中外合资项目，中广核通过引进法国技术，不间断地进行建设—反馈—改进螺旋式循环，动态吸收国内外最新技术，始终保持与新技术同步。从全面引进法国技术起步，中广核成为了核电设备领域的重要供应商，与许多国家开展了合作。实践证明，充分利用国际资源，以开放促发展是十分可行的。

关于技术引进消化吸收再创新，韩国、日本等东亚国家在这方面也有丰富的经验。这些国家通过技术创新成功实现产业的中高端发展，核心在于形成与其发展阶段相配套的国家创新体系，并实施与发展阶段相匹配的产业技术政策，具体包括以下三方面经验。

1）政府在共性技术开发中发挥了组织协调作用。推进共性技术开发的做法体现在，创建了政府、企业、大学三位一体的科研体系，使科技政策扶持的重点与产业政策相辅相成；通过制定和调整科技政策，指导重大科研方向，对重点科技领域的发展给予财政、金融、税收等方面的支持。例如，1985 年底，韩国通过的《产业发展法》，强调了市场的作用，并通过降低关税等措施逐步实现了进出口自由化。

2）龙头企业在技术和产业升级中发挥带动作用。日本在产业的转型升级过程中，通过推进龙头企业的发展带动产业整体升级。20 世纪 60 年代末至 70 年代初，日本机械、电子、钢铁、汽车、电力、石化等产业的企业通过兼并重组，迅速扩大规模，大大增强了日本企业国际竞争力。韩国也是较早推行企业集团化战略的国家之一，70 年代起，韩国政府采取各种财政、信贷、贸易等优惠措施，扶持了一批大型企业集团，打造了一批企业龙头，提高了资本集中度。这种大企业集团化战略为后发国家在比较薄弱的工业基础上发挥本国的比较优势，实现规模效应，增强国家竞争力提供了重要支持。

3）开放的国际贸易政策与产业技术政策共同发挥作用。日本、韩国两国在产业转型升级的过程中，都经历了从“贸易立国”到“科技立国”的发展阶段，始终立足国际国内两个市场，积极开发国际市场资源。首先，两国通过加快发展重点产业、扩大国际贸易的政策获得了庞大、稳定的市场，积累了丰厚的资金。其次，两国通过科技创新带动产业技术升级，进而提高产业的整体竞争力，不仅扩大了国内需求，也使中高端产业迅速走出国内市场，实现了全球化条件下的产业结构优化。

日本、韩国和中国在发挥后发优势方面有着类似的经验，但这些经验也会造成一定程度的路径依赖。日本的经验造成的路径依赖在时间上更早发生一些，日本在20世纪70~80年代就迎来了发展的高峰期，但后来却遭遇了“失去的20年”①。这不得不令人深思，政策制定者不能只关注这种经验，而且过去的经验在未来不仅不一定适用，甚至会成为发展的阻力。

第三节　技术合作与国际贸易规则

随着中国的技术引进，中国科技创新也在逐步实现全球化。在全球化条件下，如果人们不能按照世界通行的规则来行动，就不可能全面享受人类合作带来的好处。这些规则中，最有代表性的就是世界贸易组织的有关规则。

世界贸易组织的基本原则包括最惠国待遇原则、国民待遇原则、互惠互利原则等。这些原则中，有的原则与科技创新政策具有直接联系，有的原则则间接影响科技创新政策的制定与实施。在世界贸易组织框架下，对科技创

① 20世纪80年代初，日本经济高速发展，当时东京的地价相当于整个美国土地价格的四倍。后来，美国和日本发生贸易争端，美国逼迫日本签订了“广场协议”，然后日元急速升值，资产价格泡沫破灭。在此后20年左右，日本的GDP年平均增长率只有1%左右。对于“失去的20年”这种说法，经济学者近年有一些反思。反思的原因之一在于，日本这些年在科学领域的踏实的进步。

新政策有影响的协议主要有6项，即《与贸易有关的知识产权协议》《补贴与反补贴措施协议》《与贸易有关的投资措施协议》《技术性贸易壁垒协议》《实施卫生与植物卫生措施协定》《政府采购协议》。

中国在加入世界贸易组织之前，国内外就世界贸易组织规则与中国科技创新的关系进行了广泛的讨论，当时关注的重点集中在研发补贴、投资和税收优惠、知识产权、技术标准及相关的贸易壁垒四个领域。中国加入世界贸易组织后，各国以世界贸易组织规则为由，对中国科技创新政策十分关注。例如，《国家中长期科学和技术发展规划纲要（2006—2020年）》及其配套政策中的大部分政策与世界贸易组织规则存在联系，针对这些政策，主要发达国家在一些领域进行了不同层次、不同角度的多次交涉。这些领域主要集中在技术标准、产品认定、政府采购等方面（李哲，2012）。近年来，发达国家对中国讨论的焦点逐渐向国际技术转让、市场准入、海外投资和《中国制造2025》等政府规划转移。

2001年，中国以发展中成员方身份加入世界贸易组织，这使中国获得了较长的过渡期安排。目前，中国在对外开放的领域、程度等方面与欧美发达国家存在差异。这种差异是世界贸易组织规则所允许的，在全球经济发展良好条件下，欧美国家不会特别关注这种差异。但是，在全球经济乏力条件下，这些国家就会将投资环境差异作为国际经贸谈判中的筹码，对中国进行批评。

2017年以来，国际贸易规则改革的呼声也在增加。国际贸易规则与国际分工不协调是导致这一变化的内因。现有国际贸易规则滞后于国际经济、技术、投资等方面的分工，由此带来构建新国际贸易规则的需求。有研究表明，在全球价值链上，各国在总增加值中所占份额与在总就业中所占份额存在差异。在全球价值链所创造的总增加值中，美国、德国等发达国家占据较大份额；在全球价值链所创造的总就业中，中国和东盟等占据了较大份额。

这意味着美国等发达经济体在全球价值链中获得的主要是资本收入，有利于其内部的中高收入人群的收入增长，不利于其内部的低收入人群的收入增长。也就是说，美国的资本所有者将会受益，一般劳动者将会受损。尽管市场力量塑造了不平等的程度，但政府政策塑造了市场力量。今天存在的不平等很多都是政府政策的结果，既与政府所做的事情有关，也与政府没做的事情有关（斯蒂格利茨，2014）。

针对这些问题，政府应该通过国内收入再分配、社会保障等政策来调节，但一些国家政府却不排除将贸易争端作为向国外转嫁矛盾的手段。这些国家政府不对金融创新和技术进步引发的财富集中化采取对策，就不能真正遏制国内收入不平等恶化的趋势。这些国家政府不调整政策思路，内部矛盾就无法解决，各类争端就会通过国际贸易、投资、汇率等其他渠道不断冒出来。

自20世纪90年代，越来越多的美国人（主要是制造业工人）认为，美国为全球经济规则的制定和全球经济的增长贡献了巨大力量，但是美国政府却未能有效地帮助美国人赢得全球竞争。这促使美国政府以减低贸易逆差为由推行保护主义色彩的贸易政策。从跨太平洋伙伴关系协定（Trans-Pacific Partnership Agreement，TPP）到近期大范围贸易争端，一方面体现出美国政府对构建新贸易规则心理上存在矛盾，既想改变现有世界贸易组织框架下的多边贸易体制，又无法摆脱贸易政策中的孤立主义思想；另一方面也体现出美国需要利用贸易保护主义措施或相关威胁来积累未来的谈判筹码。

在此背景下，现有世界贸易组织规则面临调整的可能，这将通过经贸渠道传导至科技创新领域。因为，未来经济贸易竞争的重点在科技。2018年3月，美国针对中国的301调查报告，矛头直指中国在科技创新领域的规划、政策和举措（包括技术转让、对外投资、市场准入等方面），涉及政府、银行、产业基金、国有企业、私营企业各主体，聚焦航空、集成电路、ICT①、生物与健康技术、高端机械制造与机器人等多个技术密集型产业。根据301调查报告，美国扬言要对中国征收500亿美元的关税。由此可见，中美贸易

① ICT：information and communications technology，即信息与通信技术。

摩擦可能向科技创新领域转移聚焦。围绕这些摩擦而进行的国际贸易关系调整也可能将传导至科技创新的各环节。

经济长周期的阶段特点，也决定了围绕科技进行制度调整的需求增加。全球经济长波周期所处阶段预示经济乏力会持续一段时间。最近一波周期以ICT为主导，正处于经济长波周期的下行阶段，此阶段是ICT向其他领域扩散的过程，而这种扩散将引发新旧产业调整，导致财富分配、就业和国际竞争等制度协调增多。ICT的主导权不仅直接关系信息通信相关产业的竞争优势，也决定着制造业、服务业中一大批产业部门在全球价值链中的位置。对此，301调查报告提出，半导体技术是美国技术领先地位的基础，以及美国在这个领域技术领先地位的削弱可能会产生重大且不可逆转的影响。这就决定了围绕ICT的制度调整不会仅仅发生在信息通信产业，而是会覆盖整个经贸体系。

这些变化如果发生，将会对现有贸易体系造成巨大影响，也会对各国经济贸易产生巨大冲击。对于WTO规则可能的调整，各国各界都要有科学和理性的认识。特别是，针对科技创新所引发的新问题，政府和民间要多进行磋商，保持相互间的稳步开放，提高创新资源的国际流动效率。

第十六章　双向投资

以中国为代表的新兴市场的崛起，得益于境外投资，而崛起的新兴市场也给予了这些投资良好的回报。私人资本流入发展中国家的步伐，从2000年的2000亿美元，跃升至2010年的近1万亿美元（夏尔马，2013）。

不只是技术，吸引和有效利用外商直接投资，也是中国提高创新能力的一个重要手段。1979年，松下幸之助访问中国，成为中华人民共和国成立以来第一位访问中国的国际级企业家，松下公司与中国政府签订了《技术协作第一号》协议，向上海灯泡厂提供黑白显像管成套设备。这起到了巨大的示范效应，后来日本公司蜂拥而至，成为外资企业在中国市场的第一批拓荒者（吴晓波，2017）。

第一节　利用外资

1979～1984年，外商投资额仅为41亿美元，而1990年的年实际利用外资额就高达35亿美元，2000年的年实际利用外资额达到407亿美元，2010年的年实际利用外资额达到1147亿美元，2017年吸引外商直接投资达到1310亿美元，居世界第二位。1979～2018年来，外资企业进出口额接近中国的50%，工业产值占中国的25%左右，税收占中国的20%左右，为中国提供了约10%的就业（邹东涛，2018）。

多年来，中国不断探索鼓励外资的各类政策，优化投资环境，在利用外资规模和质量方面都取得良好进展。因此，外商直接投资在弥补高技术产业资金缺口的同时，还带来了先进的技术和管理经验，弥补了资本和技术方面的缺陷。

大量的技术要素是由通过吸引外商直接投资而形成的技术外溢产生的。

外资企业在中国改革开放初期“摸着石头过河”的特殊历史阶段，起到了引路人的作用，把国外先进的技术和管理经验带入了中国，引入了现代企业的制度和理念，大大促进了中国企业与国际接轨，加速了中国企业的技术升级，有效弥补了国内资本要素的短缺，还将中国企业成功引入全球价值链（邹东涛，2018）。

外商的投资与中国的劳动力、市场等资源相组合，为双方创造了巨大的经济收益，也延伸并发展了世界制造领域的专业化分工。以江苏省太仓市新区为例，2015 年，全区 74 家规模以上德国企业完成工业产值 217 亿元，占规模以上企业总产值的 33.6%；利润总额 22 亿元，占规模以上企业总利润总额的 48.8%（高振华和戴周华，2016）。落户太仓市的德国企业，基本都是专业化、高水平、高市场占有率的德国“隐形冠军”，例如，舍弗勒集团专注于生产汽车发动机零配件，是世界第二大轴承制造商，是奔驰、宝马等汽车产商的顶级配套企业；克恩-里伯斯公司专业生产汽车安全带卷簧，2017 年产品占据全世界 70% 的市场份额；托克斯公司专业从事冲压设备生产，在同类产品的中国市场份额中占 90% 以上。这样，德国的“隐性冠军”和中国的产业集群一道，降低了生产成本，获得了更大的市场和利润空间。

近年来，中国吸引外商直接投资占全球比例保持稳定。联合国贸易和发展组织的《2014 年世界投资报告》显示，中国 2013 年吸引外商直接投资 1239 亿美元，较上年增长 2.3%，占全球 1.45 万亿美元的 8.5%，与 2010 年基本持平，中国仍是外商投资主要目的地国家。2014 年，中国吸收外资规模超过美国，首次成为全球第一。

2012 年以来，制造业领域外商直接投资的回流议题也受到了广泛关注。回流一般指跨国公司将制造业投资和生产能力从海外向本国转移的一种现象，它既包括把海外的工厂迁移回国，也包括在国内建设工厂，取代在海外建厂或采购的计划。

正确认识回流，需要澄清回流与其相关概念的关系：①回流和转移的关系。转移的含义更为广泛，既包括向本土转移，也包括向其他国家转移。转移的原因包括利用地方优惠政策、接近市场、降低生产成本、保障产业链安全、优化产能布局等。转移到第三方的情况不能称为回流。②回流与收缩的关系。制造业投资收缩意味着在全球经济低迷背景下，对制造业领域的投资减少。典型的收缩指标是采购经理人指数（purchasing manager's index，PMI），一般来说，PMI 超过 50% 表示制造业总体扩张，而 PMI 低于 50%，说明制造业在收缩。国外投资规模变化造成的投资额下降，不能简单认为是回流。

从相关数据来看，外商在中国直接投资总额保持增长，但投资项目（企业）的总量下降，年度投资额和新增项目数的增速均放缓。投资项目（企业）总量下降是否意味着回流，还需要有大量的微观案例予以佐证。

从国际经济环境和中国参与国际制造业分工的前景来看，制造业领域的对华投资将会呈以下发展态势。

1）大规模回流将不会发生，但高端制造业将是投资竞争的焦点。传统制造业在欧美等国经济中的比例呈下降趋势。

2）中国吸引制造业投资正在形成新的竞争力。例如，新修订的《外商投资产业指导目录》进一步扩大对外开放的产业领域，引导外资投向高端制造业、新兴产业。又如，尽管中国一些制造业领域仍处在全球价值链的低附加值环节，但随着制造业规模的扩张和工业体系、技术创新体系的完善，中国制造业所具有的相对优势也在加强。再如，中国的劳动力成本虽不断提高，但相比欧美等国，价格上还有很大优势。只要中国的生产率水平能与工资水平保持同步，就可以在提高工资水平的同时，不损失竞争力。

不只是产业投资，一些企业也直接在中国建立了研发中心。从 20 世纪 90 年代到 21 世纪初，跨国公司在华投资中，很多研发工作开展的驱动力都是利用低人力成本、基础设施补贴和低租金等成本优势，那个时候中国的创新表现仍十分低下，所以大部分企业都把在中国投资研发视为现实的选项（豪尔和泽德维茨，2017）。

3）凭借自身的优势，中国很快成为极富吸引力的市场。根据经典的发展趋势，企业首先将旧款产品销往中国，然后进行价格低廉但拥有市场针对性的改造。因为就全球收入而言，只有中国市场达到了一定的规模，专为中国设计的产品被加入原始产品研发蓝图中，直至最终某些产品的设计和开发率先考虑中国市场或专用于中国销售，在中国投入的企业及研发机构才能为母公司提供可靠的收入来源。在此基础上，一旦在华设立的研发机构有足够的竞争力，产品设计和开发的职责就会被更多地转移至中国。

4）中国作为制造中心的作用也对跨国公司有所帮助，因为可以很方便地将开发团队安排在生产设施周边。开发团队可以在那里进行工艺或产品的改进，利用基础设施和管理费用的优势，发挥培训中心的作用，并协助保障质量。特别是在某些情况下，如在华投资时间比较早的跨国公司，可以招聘到最优秀的中国人才，并依靠他们开展长期研究。

这些外资研发机构①成为中国国家创新体系中的重要组成部分。据统计，2012 年，规模以上外资工业企业的内设研发机构有 10 146 家，占中国规模以上工业企业内设研发机构总数的 22.1%（王瑞军，2014）。

跨国公司设立的独立研发机构的数量也在快速增加（王瑞军等，2014）。通过研发投资、人才培养、联合研发、并购企业等行为，外资研发机构为投资所在地获取国外先进技术、利用国际创新资源提供了便捷通道，也通过知识和技术溢出、活跃创新创业氛围等方式对投资所在地的创新创业能力产生长远影响。

外资研发机构对投资所在地的影响，与其发展阶段和业务类型密切相关。虽然这些机构往往会同时具备多种功能，但从技术应用和技术研发两个角度看，可分为生产支撑、市场寻求、本地创新、研发中心四种类型②。实

---

① 外资研发机构分为两种情况，一种是外资企业内部的一个部门（独立法人），另一种则注册为独立法人。

② 杨洋，李哲．关于外资研发机构融入上海全球科创中心的几点认识．中国科学技术发展战略研究院专题报告，2017 年 5 月 18 日。

践中，生产支撑型、市场寻求型主要发生在跨国公司的投资初期，随着市场规模的稳定，一些机构有可能发展升级为本地创新型和研发中心型。长期以来，外资研发机构直接服务于企业在中国的生产部门，致力于开发适合中国市场的产品，占领中国市场。例如，在上海这个外资研发机构聚焦的区域，截至2014年底，381家被政府认定外资研发机构中，1/7外资研发机构定位于亚太研发中心和全球研发中心。随着上海科技创新中心和自贸区建设，市场机会、政策环境将变得更为友好，将对跨国公司在中国建立全球研发中心形成更大的吸引力。

第二节　对外投资

对外投资也是近年来中国面向全球学习吸收技术要素的一种越来越重要的途径。据商务部、国家统计局、国家外汇管理局发布的《2015年度中国对外直接投资统计公报》，2015年中国对欧洲投资额为836.8亿元，为2011年的3.42倍，超出中国对外投资增长的平均水平。以在德国的投资为例，2014年，中国投资者在德国收购28家企业；而在2016年上半年，中国投资者就已在德国收购了24家企业。这种投资快速增长的趋势，引起了欧洲政府和社会各界的广泛关注。

这些投资主要集中在制造业、能源、化工、信息通信等领域，欧洲企业往往具有较高的技术水平。相对于对矿产资源、劳动密集型产业的投资，欧洲对与技术有关的收购更为敏感，担心对自身国际竞争力造成不利的影响。2016年，美的集团收购德国库卡（KUKA）机器人有限公司时，德国经济部长西格玛尔·加布里尔甚至公开呼吁欧洲设立安全条款，阻止外商收购拥有战略性技术的企业。

根据德国墨卡托中国研究中心的一份研究，2016年，中国对欧盟直接投资总额高达350亿欧元，年增长率达到77%，其中在德国投资所占据的份额最高，为31%。这项研究认为，最近十年来，中国已成为欧洲大陆的一个重要投资来源国，高科技领域是其主要投资目标，这也引发了欧洲人的担忧，他们认为欧盟需要建立审查中国投资的机制。

这种担心，也有双方企业国际分工变化的因素。经过多年积累，中国一部分企业已具备较强的国际竞争力，在欧洲投资的企业中有中国化工集团有限化司、浙江吉利控股集团、中国核工业集团有限化司、中国中车集团有限化司、深圳市腾讯计算机系统有限司、华为技术有限公司等企业，这些企业本身就是其所在领域的主要国际竞争者。而被并购的一些欧洲企业，由于产业升级、劳动力成本等，其部分产能本身就面临着淘汰或转产，企业竞争力相对下降。一些中国企业和被并购企业已处于国际产业分工的水平分工状态，这种条件下的投资并购更容易使对方担心自身利益受损。

因此，双方要客观认识这种变化。在政策设计、运行管理过程中，要提高经济科技发展联动的水平，积极承担与各自能力和地位相适应的责任和义务。中国也要鼓励国外企业在中国开展各类业务，进一步开放市场，鼓励国外企业在中国开展投资、并购、共建研发机构等活动。

伴随着中国企业的海外投资，中国企业也在海外开展研发合作、建立研发机构，这是适应经济全球化新形势、建设开放型国家创新体系的一种表现。近年来，中国一些企业走出国门开展投资，其中部分企业通过建立研发中心等方式，在境外开展了研发合作。例如，据本书不完全统计，截至2015 年 8 月，中国企业在欧洲已建立了 40 多家研发机构。

其中，德国是中国企业在欧洲建立研发机构数量最多的国家。由于德国在人员、技术方面的优势，中国很多企业将德国作为在欧洲开展科技合作的第一站，约有 35% 的企业在德国建立研发机构（中国科学技术发展战略研究院科技体制与管理研究所，2015）。研发活动集中于制造业、信息产业和科技服务业。建立研发机构的方式以自主投资建设为主，如华为技术有限公司在德国、中兴通讯股份有限公司在法国、华大基因在丹麦建立的研发机构；也有与当地企业、高校合作建立研发机构，如国家电网有限公司与葡萄牙电网公司、内蒙古伊利实业集团股份有限公司与荷兰瓦格宁根大学共建的研发中心。

这些研发机构为增加互信、共同发掘新的经济增长点提供了平台。一方面，中国企业通过自建、合建、收购等方式在欧洲布局研发机构，能够与欧洲国家的优秀科研机构和人员直接合作，有效利用国际创新资源，更加便捷、有效地了解当地市场的供求状况、技术需求、应用偏好等情况，提高企业的国际化水平。另一方面，这些机构在欧洲开展研发活动，比较了解所在地区和欧盟在科技创新方面的政策，有助于促进中外双方对创新政策的了解和理解。

第十七章　数字化转型

发展的不确定性也来自技术自身，特别是全球范围内数字转型对各国政策的影响。以人工智能、量子信息、移动通信、物联网、区块链为代表的新一代信息技术加速突破应用。而且，随着信息技术和人类生产生活交汇融合，互联网快速普及，全球数据呈现爆发增长、海量集聚的特点，对经济发展、社会治理、国家管理等方面都产生了重大影响。

世界经济数字化转型是大势所趋。当前，数字经济占各国 GDP 的比例日益增加，美国为58.3%，日本为46.4%，英国为58.6%，中国为30.3%（中华人民共和国科学技术部，2018）。与传统经济相比，数字经济的要素和基础设施发生了很大的变化，网络和云计算等成为必要的信息基础设施，数据则成为核心生产要素。与传统经济相比，数字经济在发展规律上也有了一些新的特征，特征主要包括：①规模与有形资产无关。数字产品固定成本高，但边际成本非常低，使得企业能够快速扩大规模；②标准在整合数据资源中的作用至关重要；③“软”资产价值在提高，有形产品能生成并返回数据，成为商品和服务的混合体；④价值创造和地理位置相关性小；⑤大规模量身定制成为可能；⑥将带来行业断层和价值链重构（中华人民共和国科学技术部，2018）。世界各国对数字化带来的影响给予了特别的关注，在前沿技术研发、数据开放共享、市场竞争环境等方面进行了政策设计。

第一节　国外推动数字化转型的经验

美国是率先将大数据从商业概念上升至国家战略的国家，如 2012 年注重技术研发的《大数据研究发展倡议》、2014 年注重隐私保护的《大数据：把握机遇，守护价值》、2016 年的《联邦大数据研发战略计划》（中华人民共和国科学技术部，2018）。美国在数字领域本就有着全球最领先的技术和经济竞争力，这些文件和计划进一步为美国在大数据研发、商业应用等领域争取了新的优势。

在人工智能方面，2018 年 5 月，白宫科技政策办公室副主任迈克尔·克拉希欧斯宣布，美国将组建人工智能特别委员会（Select Committee on Artificial Intelligence，SCAI）。该委员会将隶属于美国国家科学和技术委员会，成员包括来自美国国家科学基金会、美国国防部高级研究计划局等美国政府部门的官员。该委员会将主要负责提供政府层面的有关人工智能研究和发展方向的建议，帮助政府、企业和独立研究者建立合作伙伴关系。

欧盟政策性银行——欧洲投资银行 2018 年底发布报告称，由于企业研发投入不足，对政治和监管氛围日益悲观，欧盟创新能力恐落后于美国和中国①。报告表示，欧盟研发投入占 GDP 比例维持在 2% 左右，与中国相当，落后于美国（2.8%），而欧盟要想到 2020 年实现研发投入占 GDP 比例升至 3% 的目标，需要每年追加 1400 亿欧元研发投入。报告进一步指出，欧盟企业多为中小企业，对数字技术的研发投入差距明显。报告中的调查显示，42% 的欧盟企业自感对数字技术的研发投入不足，尤其是服务业，只有 74% 的欧盟企业采用了某些数字技术，而美国符合这一要求的企业达到 83%。

针对数字经济对竞争力可能造成的影响，即使是欧盟这样有科技实力的经济体也开始采取行动。欧盟委员会在 2018 年 4 月公布了一项有关“新的网络平台规则”的法律草案。新规则的目标是为使用在线平台发展业务的中小企业和商家创建公平、透明和可预测的商业环境。这项措施涉及酒店、

① 欧洲投资银行报告称欧盟创新能力恐落后于美中，中国新闻网. http://finance.chinanews.com.cn/gj/2018/11-29/8688091.shtml [2018-11-29].

在线零售商、App 应用开发商等。App 应用开发商与小企业未来将可以就不公平①的商业惯例集体起诉苹果、谷歌、亚马逊等互联网巨头。这是欧盟委员会首次立法规范科技巨头与依赖其服务的小企业及 APP 应用开发商之间的关系。

就在这项法律草案公布后一个月，欧盟于 2016 年通过的《通用数据保护条例》（*General Data Protection Regulation*，GDPR）在欧盟成员国内正式生效实施。该条例的适用范围极为广泛，任何收集、传输、保留或处理涉及欧盟所有成员国内的个人信息的机构组织均受该条例的约束。例如，即使一个主体不属于欧盟成员国的公司，只要满足下列两个条件之一：①为了向欧盟境内可识别的自然人提供商品和服务而收集、处理他们的信息；②为了监控欧盟境内可识别的自然人的活动而收集、处理他们的信息，就受到 GDPR 的管辖。GDPR 将对企业在欧盟市场的投资、销售和运营产生显著影响，成为企业必须直面的重大法律监管条件。

2018 年 12 月 13 日，欧洲议会就如何对数字服务进行征税、改革数字服务税基两份提案进行了投票，结果呈现压倒性的支持。提案指出，线上销售额达到 4000 万欧元以上的所有企业必须纳入征税范围，且要对其在欧盟的在线销售和服务征收 5% 的新税（驻欧盟使团经商参处，2016）。通常，在欧盟内的征税立法问题上，欧洲议会只能起到咨询建议的作用。然而在数字税问题上，从一开始欧洲议会就采取了极为主动的姿态，并希望以此次投票倒逼欧洲理事会（欧盟最高决策机构）在 2019 年 4 月之前达成协议。

2014 年 8 月，德国联邦政府就出台了《数字化行动议程（2014—2017）》，倡导通过数字创新驱动经济和社会发展，使德国成为未来的“数字强国”。这个议程的核心目标有三个：数字经济发展、网络普及、网络安全。围绕三个目标，德国联邦政府也采取了数字基础设施建设、推动数字经

---

① 不公平行为包括：没有做出任何解释就要求企业服从条款及条件的变更；没有明确理由就将企业排除出搜索引擎排名，或降低其排名。

济和数字化工作、创新政府管理等 7 方面措施。

在研发组织方式上，德国也采取了新的措施。2018 年 8 月，德国政府内阁通过决议，计划设立一个新机构，对颠覆性创新项目进行为期 10 年、总额 10 亿欧元的资助（张毅荣，2018）。这项决议提案由德国联邦教研部、经济和能源部共同发起，旨在为创新主体提供资金和发展空间，促进人工智能、自动驾驶、电动汽车电池等新兴领域的发展。按计划，新机构将在 2019 年年初投入运作。新机构将有期限聘用有创意、高水平的“创新经理”。“创新经理”拥有高度自主权，负责挑选并管理富有颠覆性创新成果转化潜力的科研发展计划，并能决定计划的生命周期。高等院校、科研机构和企业则负责计划的具体实施。受到资助的创意将会单独立项，通过政府和企业得到公共采购支持，并被引向市场。

第二节　数字化转型在中国的发展及科研影响

中国经济的快速发展与信息技术产业有着重要的联系。与早期日本、韩国等东亚新兴经济体不同，中国在增强信息技术产业创新能力方面具有独特的综合优势。这些优势体现为，中国电子产品和服务蓬勃发展的市场，是世界上最大的低成本、易进行知识培训的工人储备库，是复杂的先导用户和测试市场，拥有较强的培育创新系统的政策举措（罗文等，2012）。作为后发国家，中国可以学习先发国家的成就，避免先发国家的错误。

中国在应对数字转型方面也开展了大量工作，形成了有竞争力的基础。中国政府实施国家大数据战略，2015～2019 年陆续发布了《促进大数据发展行动纲要》《国务院关于积极推进“互联网+”行动的指导意见》等文件，积极创造有利于数字化转型的环境。中国在市场应用方面的表现也是可圈可点，根据《中国互联网发展报告 2018》《在改革开放中成长：中国科技进步对世界的贡献与全球科技创新治理建议》蓝皮书等资料，中国网民数量超过 7 亿，移动电话用户突破 14 亿，均居世界首位。中国 9.27 亿的活跃移动互联网用户，7.07 亿的活跃微信用户，2.72 亿的活跃支付宝用户，以及 5900 万的活跃滴滴打车用户，有力地推动了数字化消费时代的发展，促进了阿里巴巴、腾讯等一批网络和技术公司的发展壮大。

即使对一些在位企业，这种数字转型也为其提供了新的机会。成立于 1988 年的金山软件股份公司，在三十多年的发展过程中几经沉浮，其最有代表性的产品是 WPS Office。曾几何时，这种产品在市场竞争中完全被微软办公软件产品压制。2010 年以前，几乎没有人会认为，在既有的路径上，当时的 WPS Office 的市场规模会赶上来，更不要说超越领先者。但是，在移动互联网孕育爆发的 2013 年，金山软件股份公司基于移动的特性发布了全新的 WPS Office 移动版，WPS Office 移动版凭借在移动端的良好体验，在国内市场完成了对巨头微软公司的逆袭。根据 2016 年金山软件股份公司披露的数据，金山办公软件在移动和 PC 两端的月活跃用户总量已经超过 2 亿①。

数字化转型对科研本身也有着深刻的影响。大数据意味着新的科研方法，以数据为中心来思考、设计和实施科学研究的第四范式正在成为一种普遍范式，科学发现依赖于海量数据的收集、管理和分析②。这种变化需要科研活动随之调整，如适应数据规模、复杂度和产生速度增加的挑战，保证数据的流动性和可获取性，对数据集成、高效访问、信息挖掘进行有效管理。这些不仅依赖技术进步、基础设施，也需要配套的政策、管理制度。

其中，围绕大数据技术而发生的移动终端、云计算、物联网等技术的集成应用，完全符合技术经济范式转化过程中“关键生产要素”的基本特征，已经迅速地应用于经济社会发展的各个方面，在技术开发、生产加工、商业

---

① 李东楼．金山 WPS 抓住移动红利成功逆袭，国产软件再迎春天．搜狐科技．http://www.sohu.com/a/73290483_116016[2016-05-04].

② 丁仲礼院士在国际科技数据委员会中国全国委员会编著的《大数据时代的科研活动》一书序言部分的表述。

模式等方面产生了深刻的影响。这种影响，主要体现在数据资源、研发组织、技术融合和创新链衔接等方面（李哲，2015）。

在数据资源方面，大数据的集成分析将大幅度提高创新资源的使用效率。大数据的本质是面向海量数据的数据挖掘，发现隐藏的知识和规律，这为基础优化创新资源配置开辟了新的空间。根据美国麦肯锡咨询公司2013年的报告，充分利用大数据技术能使零售商提高利润率60%以上，使美国医疗保健行业降低成本8%。经过多年的积累，中国形成了大量的科技文献、监测数据等科技基础信息；同时，也积累了大量面向市场的科技数据资源，如技术成果、技术交易数据、高新技术企业、研发机构、大学科技园、科技企业孵化器等数据。这些数据往往形成相对独立、难以探索的数据孤岛，而大数据的信息关联、智能决策等功能，能够对这些分割、离散的数据信息进行集成，并提供智能化、商业化的增值服务。

在研发组织方面，促进研发活动的去组织化和再组织化。一方面，与传统以课题组、科研机构为基本单元的研发组织载体相比，社会化的研发组织将更为普遍，伴随移动互联网、社交网络的发展，研发活动的参与者越来越能够以个体的身份脱离学科领域、学术地位、空间等因素的限制，围绕特定主题参与到研究的策划和实施中。另一方面，应用大数据技术，将促使研发活动由精细化的单向组织管理走向趋势化的复合组织管理，对全局性预测的准确性和实时性要求更高，特别是对研发数据的在线收集和即时分析，为大规模研发活动的组织和协调提供了支持。

在技术融合方面，促进跨领域的技术和产品的研发。以生物医药产业和信息技术的融合为例，在研发环节，很多发达国家正尝试运用信息技术建立“虚拟人”，将药品临床试验的某些阶段虚拟化；针对电子健康档案海量即时数据的挖掘和分析，将有助于招募特定基因型的患者开展临床试验，研发基因导向型的个体化药物，这将大大加快药品研发效率，降低研发费用。在生产流通环节，无线射频识别（radio frequency identification，RFID）标签、智能尘埃（超微型传感器）、温度传感器将在药品流通中广泛应用，提高药品流通行业集中度和流通效率。在医疗服务环节，电子病历、智能终端、物联网、网络社交软件等将有限医疗资源共享给更多人，形成新的医患关系，并推动个体化的医疗服务。这些活动正在促使生物医药、信息技术两类传统意义上边界清晰的领域开始融合，而融合所必需的对海量即时数据的分析处理，都要以大数据、云计算等技术系统为前提。

在创新链接衔接方面，缩短基础研究、应用开发到创新的进程。大数据带来的管理、检测等流程的优化将大大缩短研发周期。在基础研究方面，对海量数据的预测建模能帮助识别具有更高可能性的方案，这在药物分子筛选方面尤为明显。以英特尔公司为例，其采用大数据技术开发的预测分析解决方案，能够收集生产过程中的历史数据，由此带来更快速的芯片研发，并将芯片的测试时间缩短 25%。

适应大数据带来的影响，需要相应的制度规范和保障。例如，在数据应用方面，既要鼓励科技数据，特别是财政投入形成的数据，实现更大范围、更及时的开放共享，也要通过立法和有效执法加强知识产权保护，注重数据资产的价值，防止数据被滥用，明确界定数据挖掘、利用的权限和范围。

在促进研发组织方面，大数据虽然在构建创新网络上具有明显优势，但也存在一定的局限性。欧盟最近的一项调查认为，在创新网络形成过程中，面对面的交流仍是不可或缺的因素。因此，大数据技术作为一项高效便捷的组织工具，其收集、分析和研判得出的关联机制，需要与学术研讨会、创新创业大赛、创业公开课等常规的、更加具象化的交流沟通方式紧密结合。

在促进跨领域、跨环节的技术融合方面，政府需要依托各类创新示范区、高新区、经济开发区，面向产品、服务、技术标准、合格评定程序等方面，集成各类创新资源，开展大数据的试点示范，为大数据产业快速发展提供更加清晰的市场信号。

在数字转型的趋势下，中国需要和世界各国一道致力推动全球范围内的数字化，包括加强数字经济、人工智能等前沿领域合作，加强数字基础设施和能力建设，共同打造新技术、新产业、新业态、新模式。同时，中国也要促进有关网络安全标准和跨境数据流动规则的协调，共同维护网络空间安全。特别需要关注的是，在快速发展的同时，要面向广大发展中国家增强数字经济可及性，消弭“数字鸿沟”，让处于不同发展阶段的成员国共享数字经济发展成果。

第十八章　探寻新优势

说到创新，人们更多关注企业、投资、科研等领域，但除了这些，还有一个非常重要的领域对创新意义非凡，那就是一个社会基本的福利状况。正常或良好的社会福利能减少个人的后顾之忧，这对创新和创业精神的形成和展示是至关重要的。那么，中国的社会福利状况对创新有什么影响呢？

第一节　转型中的新问题

针对中国老龄化和社会福利问题，有人形象地把这两类问题称为未富先老和未富先“懒”。

“老”说的是中国人口快速而大比例的老龄化。随着人均期望寿命提高和生育率骤降至1.5左右，中国已进入“未富先老”社会。2010年后，60岁以上人口占总人口比例迅速上升，将从2010年的13.3%提高到2030年的25%左右；到2050年，中国的老年人口将超过总人口的1/3（世界银行和国务院发展研究中心联合课题组，2013）。很多人认为，“刘易斯拐点”在中国已经发生，劳动力人口从相对过剩进入相对短缺状态。2020年，中国劳动力人口的平均年龄为37岁，印度为29岁，欧洲国家为49岁（夏尔马，2013）。这样的话，提高技能进而提高劳动生产率，对中国的经济发展就变得至关重要。

再说“懒”，众所周知，中国人是世界上最勤劳、最吃苦耐劳的群体之一，为什么这里要用未富先“懒”这个词？因为这里的“懒”并不是懒惰，而是随着经济发展带动社会福利提高的同时，那些忽视发展阶段性特征而对福利报以不切实际幻想的观点。这里，本书讨论的重点是，保持怎样一种状态，才能在提高福利的同时保持竞争力，而这种状态中，创新处于什么地位。

中国和其他一些大的新兴经济体都不同程度地参考着日本、韩国在第二次世界大战后采取的以出口为导向的经济增长模式。当人均收入达到中等偏上收入水平后①，这些经济体的发展速度都从9%~10%下降到5%~6%。对此，一些经济学家认为与“结构性膨胀”有关（即在总供给等于总需求的情况下，经济结构方面的因素的变动也能引起通货膨胀）。在劳动力市场上，要求更高工资的工人数量突然增加，以前似乎无穷无尽的、能够以最低工资来满足工厂所需的劳动力大军不存在了。

2019年9月，中国国家统计局局长宁吉喆表示，1952~2018年，中国GDP从679.1亿元跃升至90.03万亿元；人均GDP从119元提高到6.46万元。这个过程中，公共卫生、公共教育、基础设施、科学技术等领域的投入都大幅度提高，这种变化是巨大且显而易见的。现在说中国是“零福利”“低福利”国家，已经不准确了（王绍光，2013）。这就进一步表明，中国的劳动生产率不仅要提高，其增速也要超过或至少达到福利增长的水平。否则，就会落入“收入陷阱”（详见本书第三部分）。

随着经济的高速发展，收入和消费不平等的问题也随之而来。世界银行《2016世界发展报告：数字红利》公布的数据显示，中国居民收入的基尼系数由改革开放前的0.16上升到目前的0.47左右。这些不平等中，有些不平等来自库兹涅茨效应，即在劳动力从农业转向生产率和资本有机构成较高的制造业的过程中，由这类结构性变迁带来的结果；有些不平等是市场经济改革未曾预料到的；有些不平等是对公共物品社会发展投资重视不够所导致

① 根据世界银行公布的数据，2018年的最新收入分组标准为人均国民总收入低于995美元为低收入国家，在996~3895美元为中等偏下收入国家，在3896~12 055美元为中等偏上收入国家，高于12 055美元为高收入国家。

的；另外一些不平等则是某些政策的直接产物，这类政策（如户籍制度、同工不同酬现象等）将机会的不平等制度化，或者未能提出有效的政策框架（如政府间财政关系安排）来解决不平等的问题（世界银行、国务院发展研究中心联合课题组，2013）。这种差距往往表现在城乡之间、城市内部和农村内部。

中国政府始终在努力缓解不平等的问题。随着1994年从“包干制”到“分税制”的改革，中央对各省财政转移支付的总量到2013年已增长了20倍，达到近5万亿元，2016年达到5.29万亿元①，这种区域差距已经被尽可能地缩小了。这种转移支付，使得中国中西部的经济欠发达地区同样具有资金在一些与创新有关的基础设施和公共服务方面进行必要的投入，如科技文献数据和仪器设备，尽管从规模和使用效率方面仍远达不到东部地区的平均水平。从城乡差距来看，通过“少取”（如取消农业税）和“多予”（如农产品补贴、农村卫生支出等）政策，城乡人均收入和消费的差距已得到一定的控制。

社会风险可能大大降低人们的创新意识和冒险精神，如对失业、患病、养老、住房等方面的担心，而社会福利的增加降低了这些担心。1997年，在国有企业下岗分流的背景下，国务院颁布了《国务院关于在全国建立城市居民最低生活保障制度的通知》，逐步为城市贫困人口提供最低生活保障。2007年，中央一号文件，即《中共中央国务院关于积极发展现代农业扎实推进社会主义新农村建设的若干意见》颁布后，也制定了农村贫困人口的最低生活保障制度。

针对看病难、看病贵这一问题，中国通过新型农村合作医疗制度、城镇居民医疗保险等方式，在短短几年内构筑起世界上最大的医保网。2012年，城镇和农村两大医保网基本实现了全覆盖。这样的问题在教育、住房等领域

---

① 2016年中央对地方转移支付规模达到5.29万亿元．中国政府网，http://www.gov.cn/shuju/2016-12/23/content_5152087.htm[2020-02-11].

也有表现。

中国政府早已认识到老龄化、不平等这些转型过程中的新问题，这些问题需要科技创新来缓解，前提也在于宏观经济、财政、劳动力市场、社会保障等各方面政策能够共同配合。

第二节　逆全球化

发挥比较优势的前提，是有一个开放公平的全球经济环境，主要国家对全球化呈现认可、积极的态度。但这种国际环境在或隐或现地发生变化。2008 年国际金融危机以来，经济发展不确定性增加，这会对中国的科技创新产生影响。例如，第十六章所述的制造业领域外商直接投资变化，就是受产业政策、市场环境等多重因素影响。经济不确定性来自以下几个方面。

1）欧美国家吸引制造业企业本土投资的政策影响逐步显现。全球金融危机后，主要发达国家纷纷调整战略方向，从传统的“去工业化”调整为“再工业化”，转而发展高附加值的高技术产业和战略性新兴产业，吸引制造业本土投资。这些政策涉及资金补贴、土地使用优惠、税收减免等措施，对制造业企业具有较强的吸引力和约束力。

2）“再工业化”改变了曾经的互补格局，使技术经济竞争加剧。例如，美国政府于 2009 年底提出“再工业化”战略，通过加大政府对战略性新兴产业的扶持力度、税收激励等方式发展高附加值、高技术含量的先进制造业；德国政府于 2013 年批准了“工业 4.0”工作组提交的《保障德国制造业的未来——关于实施工业 4.0 战略的建议》；2014 年，美国电话电报公司、思科系统公司、IBM 公司和英特尔公司在波士顿宣布成立工业互联网联盟。这种改变加剧了各国在技术经济领域的直接竞争。

3）经济竞争也体现在对外国投资的敏感程度上。近年来，欧美等国政府聚焦关键基础设施和关键技术领域的并购案件，重点加大审查力度。例如，外资并购审查框架提案中明确了关键技术领域包括人工智能、机器人、半导体、网络安全、航空、核电等。美国拟扩大关键技术的界定范围，将赖以维持和增强美国领先优势的“新兴技术”纳入关键技术范围。德国政府最新立法将关键基础设施纳入审查范围，并规定外资在德并购涉及关键基础设施时必须强制申报，以备审查。

欧美国家市场波动，也使得本土制造和采购相对更为经济合理。全球金融危机后，欧美市场呈现复苏趋势但缺乏持续动力。例如，美国制造业PMI上升至2011年2月的高点61.4后波动下降至2015年2月的54.3；德国制造业PMI在2011年4月达到高点61.7，此后波动下降到2015年9月的55.5。对于劳动力、原料等成本在整个生产成本中所占比例较小，但对市场变化、物流成本等因素敏感的企业而言，发展中国家的成本优势相对欧美国家变得不明显，本土采购和制造相对以往更为经济合理。

这使得国外制造业企业面临的竞争压力加大，单纯将中国作为生产基地的可能性降低。除了制造基地，很多外资企业也将中国作为产品销售市场。随着中国市场竞争日趋激烈，外资企业市场竞争压力加大，其产品如果在中国市场不能获得较高认同度，其追加在华生产投资的意愿将降低。

近年来，保护主义、保守主义、孤立主义等思想在主要经济体持续发酵，逆全球化抬头是这种不确定性更深层次的原因。除美国政府近两年采取的退出《巴黎协定》、禁穆令等保守主义措施外，欧洲政治也在急剧“右转”，如2016年英国全面公投“脱欧”成功；2017年玛丽娜·勒庞险些成为法国总统；2017年德国极右翼民粹主义政党德国选择党第二次参加议会选举就成为第三大党；2017年奥地利中右翼的人民党赢得31.5%的选票，领导该党的塞巴斯蒂安·库尔茨成为奥地利总理。

逆全球化措施往往成为发达经济体当政者捞取政治资本的筹码，这将使贸易争端持续上升，将打乱现有的国际贸易格局。2018年发生的中美贸易争端则是这种心态的表现。这不仅会直接影响两国间的贸易，也不利于世界经济增长。2018年11月，经济合作与发展组织在《全球经济展望2018》中表示，随着全球扩张越过顶峰，针锋相对的贸易限制可能会把世界经济从

“软着陆”变成“硬着陆”。该组织预计全球经济增长率将从2018年的3.7%降至2019年和2020年的3.5%，略低于其上一次预测。该组织强调，日益加剧的贸易紧张将是世界经济的主要风险之一①。

这种逆全球化的趋势势必将通过贸易、投资等方式影响技术领域。一些欧洲国家对中国投资者的指责、对中国投资的审查，其实都是这个时期的保守主义思想在实务中的反映。

中国经济的快速发展，得益于强大的出口带动作用。1979～2012年，中国货物出口保持20%左右的年均增长率，中国快速成长为世界贸易大国（习近平，2017）。而出口快速发展，得益于西方国家黄金增长期释放出来的大量有效需求（习近平，2017）。

在新的国内外竞争条件下，这种通过国际贸易、吸引外资等方式获得的后发优势的作用在减弱。从德国、日本等国际贸易大国的历史经验来看，当货物出口占世界总额的比例达到10%左右，就会出现拐点，增速要降下来。中国货物出口占世界总额的比例，改革开放之初不足1%，2002年超过5%，2010年超过10%，2014年达到12.3%（习近平，2017）。从这个经验来看，中国出口增速拐点已经到来，今后要再维持出口高增长、出口占国内生产总值的高比例不太可能。

有观点甚至认为，中国作为出口制造大国，并没有减缓全球制造业的长期下滑。中国仅是更快地吞噬西方国家在钢铁、电视、汽车和其他制造品方面的市场份额。中国经济放缓，意味着它将减少地区性的政治冲突，减少贸易战，减少世界对这条“红色巨龙”崛起的恐惧（夏尔马，2013）。这种观点不仅忽视了在新兴技术带动下，全球经济结构的变化，也忽视了各国在不同发展阶段的比较优势变化。

---

① 经济合作与发展组织还指出了其他风险，包括中国经济急剧放缓、油价波动、英国退欧不确定性以及欧元区一些银行的脆弱性，称这些风险之间的相互作用可能导致“比预期更硬的硬着陆”。

中国劳动力等方面的成本优势也在减弱。通过40多年的快速工业化，中国劳动力、土地等要素成本随之增加，而金融危机后欧美工人工资增长相对缓慢甚至下降。中国人民银行等单位的经济学家对江苏、广东等地的588家企业的调查显示，2008～2010年，机械设备、能源材料等领域的人工成本增加了约1.7%，占总成本的比例也从11.1%上升至12.3%①。厂房、原材料、燃料、国际运费等海外投资成本也有所增长。

中国追赶成为世界一流的创新型国家，必然要做的工作有两方面：①为科学技术支付更多成本，事实上，中国快速增长的研发投入也证明了这一趋势；②既然后发优势减弱，就要形成新的比较优势。这就要求中国必须将经济增长的动力更多地放在创新驱动和扩大内需上，这要通过要素的新组合来实现。

在当前世界经济增长动力不足、经济全球化出现波折的情况下，中国在科技创新活动中要具备更强的国际意识，不能停留在一般的科研项目合作、人员交流上，要为对外开放注入新内涵，带动资本和产能更加深度、便利地融入国际市场。例如，围绕“一带一路”建设等重大布局，通过共建研发平台、共建科技园区等方式广泛开展合作，发挥科技合作对当地产业体系建设的带动作用；面向重点国家和重点区域，制定有针对性的国际科技创新合作战略，突出合作的主要方向、重点领域和政策措施。另外，要积极探索通过科技合作，搭建国际产能和装备制造合作服务平台，进而通过国际产能合作共同开发第三方市场。

这种更加国际化的需求会率先体现在企业层面。随着全球化的快速推进，创新组织和商业模式不断朝网络化方向演进。企业在技术创新中采取多主体、多形式合作，出现了众包、众筹等网络合作新形式，提升了创新能力和效率。经过近40年的淘沙、洗礼，中国已逐渐涌现一批具有较强创新能

① 中国制造业人工成本明显上升．中国发展门户网，http://cn.chinagate.cn/economics/2011-08/05/content_23151127.htm[2020-3-31].

力和区域品牌影响的企业。面向未来，中国企业怎样融入全球创新网络、找到自己的合适位置，为全球提供更优质的产品和服务，为世界贡献更多的先进适用技术，是很多中国企业需要面对的重要课题。

第三节　创新“无人区”

2016年前后，华为技术有限公司（简称华为）总裁任正非表示，华为正在本行业逐步攻入“无人区”，处在无人领航，无既定规则，无人跟随的困境中。华为进入创新“无人区”的现象是中国创新发展的缩影，对中国不断增强经济创新力和竞争力具有重要的参考价值。创新本质上是企业家对技术、资本等生产要素进行新组合并在市场上实现经济价值的过程。从这个角度讲，只要企业提供了新的产品或服务，就发生了创新。企业进入创新“无人区”的意义，就是通过已知渠道无法获得必要的生产要素，需要企业主动开发利用新的生产要素。

但是，此次华为案例的关键在于，华为的要素需求是针对基础理论、重大技术等方面。例如，华为的技术水平停留在工程数学、物理算法等工程科学层面，尚未真正进入基础理论研究层面。只有依靠基础理论突破、重大技术突破、大量技术积累，华为才能获得新的技术要素，才能在此基础上实现创新。在创新“无人区”取得突破的难度最大，产生的技术经济竞争价值也最大。

进入创新“无人区”一般有两种路径：①在已有技术路径上通过研发实现技术突破，进而赶超技术竞争对手取得领先优势；②选择一条没有竞争对手的全新技术路径，如果成功，将颠覆原有市场或开辟出新市场。

这两种路径对应企业技术创新的两种方式：①渐进性的、缓慢的、令人容易接受的、可操作的方式，如新的功能、更高的技术标准、改进的工艺等；②颠覆性的、迅速的、革命性的、高风险的方式，如数码成像技术之于胶片成像、移动电话之于BP机。

无论上述哪种路径，都意味着企业在技术研发路径上没有现成的参照系，没有对标对象，只能依靠自身主导实现技术突破。这就要求企业具有很强的研发能力，熟悉基础理论、产品开发、市场应用等各个环节，并能够进行有效的要素整合。

进入创新“无人区”反映了企业的市场竞争状况，也要求政府调整科技创新治理的理念和方法，主动适应这种新的变化。在很多产业领域，中国企业以往大多具有后发优势，能够参考国际上已有的成熟技术路径，通过引进、模仿、合作开发等方式获得技术要素。但通过多年的积累，中国企业在一些技术应用领域已跻身世界前列，特别是在传统产业和信息技术融合的领域。中国“新四大发明”① 都与这种融合有关。

例如，根据2017年12月欧盟发布的《2017产业研发投入记分牌》，全球研发投入经费最高的2500家企业中中国有367家，中国化工集团有限公司、三一重工股份有限公司、中国中车集团有限公司、华大基因、深圳市大疆创新科技有限公司、深圳市大族激光科技股份有限公司等一批企业在各自领域的技术创新能力进入国际先进行列；根据德勤公司2018年发布的《中美独角兽研究报告》，截至2017年6月，全球252家独角兽企业中中国拥有98家。这意味着，未来会有越来越多的中国企业进入创新“无人区”。这种趋势将引发一系列的深刻变化，对中国提高创新能力，建设现代化经济体系有重大影响。

后发不仅可以产生优势，同样也带来劣势②。这种观点指的是，落后国家模仿技术比较容易，模仿与技术创新相关的制度比较困难，因为要改革制度会触犯一些既得利益，因此落后国家会倾向于技术模仿。落后国家虽然可

① 在一项由“一带一路”沿线20国青年参与的评选中，高铁、支付宝、共享单车和网购被称作中国“新四大发明”。

② 由美国经济学家沃森提出，华人经济学家杨小凯曾在2004年演讲时提出这一问题并引起讨论。

以通过模仿技术在短期内取得非常好的发展，但是没有通过制度设计形成有利于技术创新的内生动力，会给长期的发展留下许多隐患，甚至长期发展可能失败。中国在利用后发优势过程中，不仅仅是对科学技术的应用，也在不断同步、适度地调整与科学技术有关的生产关系，这种调整表现为各领域、各主题的持续改革，表现为科技创新和体制机制创新的“双轮驱动”。时至今日，这种改革一直在进行，并且越来越强调市场机制的作用（本书第二部分、第三部分有讨论）。

从制度的角度，后发劣势没有那么可怕，中国有能力面对和逐步克服。但从技术的角度，中国一些企业也存在后发劣势，即对现有技术路径的依赖。这种技术角度的后发劣势与技术标准、知识产权等制度有关。避免这种技术角度的后发劣势，就需要企业深度参与国际分工，保持良好的国际合作竞争关系，并且积极开展研发，探索新的技术路径。这是后发国家在全球化过程中必然要面对的情景，这种后发劣势的显现，一定程度上也反映出研发能力与先进国家的接近。

在这个背景下，中国以要素成本为基础，以资源驱动、效率驱动为主要类型的比较优势也开始进入转换期，需要探索新的比较优势。美国在国际贸易、吸引外资规模方面一直是处于最前列的国家，其优势显然不在于劳动力成本低等因素，而在于包括科技创新能力在内的、能为投资者带来丰厚回报的综合竞争力。面向未来，单纯的劳动力、土地等要素成本将不再成为中国吸引外资的主要优势，与外资制造企业相匹配的技术创新、产品实现能力将发挥越来越重要甚至主导的作用。这种重塑的新比较优势，内在地要求中国在科技创新方面不仅要关注自身的问题和利益，还要具备更广阔的国际视野，开放平等地为全球投资者提供平等机会。

小结：

历史证明，科技创新方面的落后在很大程度上会拉大与领先者的差距。古埃及曾经是世界上最先进的文明之一，随着遭受入侵和颠覆，古埃及再也没能振兴，这在很大程度上归咎于古埃及丧失了科学技术上的优势。这同样也是古希腊的命运，尽管古希腊是绝大部分西方科学和哲学的源头，但古希腊后来被罗马帝国吞并，再也没能重新成为世界领先的地区（豪尔和泽德维茨，2017）。

一般国家所能追赶的极限，就是作为跨国公司的产业配套基地，这实际上是国家间技术经济合作竞争的表现。这种情形在前几次工业革命中已经出现，而且越来越明显。因为人类的知识增长是在加速前进的，特别是在数字经济、网络经济条件下，通过投资、合作等方式，一些国家在产业、基础设施方面可能会看上去很光鲜，但内在的、对领先者的依附较为明显。

中国的成功有多重原因，有观点认为，最根本的是它的起点比较低，生产力和创造力在被压制了几百年后被释放出来，在短时间里爆发出巨大的能量，再加上中国同时完成了工业化和信息化，才推动中国无论总体国力还是人均收入都有大幅度的提升（吴军，2016）。这类观点从客观条件上反映了中国成功的原因，但在此基础上，中国人自身的努力也非常重要。否则，世界上低起点的国家、地区和群体有很多，也同样生活在这个时代，为什么没有都实现这种增长？所以，历史条件是中国成功的一方面，另一方面则是中国自身内部治理、市场环境、文化底蕴等方面的内部原因。在各种内部原因中，中国不断解放思想，主动开放，以及主动参与全球分工的原因不可忽视。

改革开放以来，中国踏上了开放式国家创新体系发展道路。在不同阶段，有不同的着力点：20世纪70年代末至80年代初花费较少，主要用于吸收外国的知识和技术；20世纪90年代后期，在保持了对外知识高度开放的同时，开始强调自主创新。有学者认为，这值得反思，因为直到2000年后，在对引进国外核心技术的依赖已经成为某些行业发展的重大制约因素之后，中国才引入了鼓励自主创新的政策，所以中国对自主研发和创新的关注是严重滞后的（傅晓岚，2017）。从创新体系演化的角度看，这个现象更容易解释。以当时的认识条件，中国在技术积累没有走完前几步的情况下，很难看清后面的方向，即使看到了，在治理方面也不容易达成共识。也许，这就是科技创新路径方面的“摸着石头过河”。

一个国家想在全球化经济竞争中脱颖而出，需要把握的一个最重要因素就是创新政策，也就是包括税收、贸易、人才、技术等在内的一系列支持国家创新系统的组合政策（阿特金森和伊泽尔，2014）。在不同的经济发展阶段和国际竞争环境中，政府扮演的角色也有所不同。对于经济发达和技术领先国家，其产品已占据国际市场领先优势，政府的重点是维护公平的市场竞争环境，并对颠覆性技术和产品进行识别和支持。对于后发国家，创新产品进入市场不再仅仅是一个经济问题，而是政治经济问题，政府思考问题的视角也不能局限于市场视角，而应站在整个产业、社会、国家的角度，将社会收益、国家收益和国际竞争因素纳入考虑范围，对创新产品的市场进入和市场开拓进行必要支持（杨洋和李哲，2019）。

世界正处在知识爆炸、数字转型的时代，新兴技术变革正孕育待发。在新一轮的竞争中，各国将重新确立竞争优势，世界经济格局及全球利益分配将重新调整，后发国家迎来难得的重大机遇，可实现赶超先发国家的目标。面对金融危机及其产生的后果，世界各国都采取了应对措施，这其中包括很多科技创新政策，中国也积极采取了可圈可点的政策。例如，不断加强国家创新体系建设，围绕数字转型加强政策引导，建立国家自主创新示范区、自由贸易区等。

围绕这些政策，中国一方面加强了各方面的研发投入，另一方面也采取了更加开放、国际化的政策，鼓励来自世界各地的人员、技术、产品在中国寻找实现价值的机会。基于科学技术实力和政策环境的变化，加之虽然减弱但仍然存在的要素成本优势，中国完全有可能形成新的比较优势。

第六部分　未来的创新中国

我们现在将如何酌采西方的新潮流，如何拿自己以前的旧经验，来替自己打开一出路，来创新法，运新才，这当然是我们这一代人的责任。

——钱穆

导读：

中国在科技创新方面的经验，根本上就是具备了一个适合自己的国家创新体系。从“向科学进军”到“科学技术是第一生产力”，从“科教兴国”到“创新驱动”，科技创新活动围绕国家发展的中心任务，总是在主动充实、调整和完善。国家创新体系需要根据新的发展需要同步演化，这种演化一部分是由客观的技术、经济发展促成的，如技术决定论①认为，技术是不受人类约束、自我发展的；一部分则是政府主动调整，这也是中国科技创新的重要特征。时至今日，中国的国家创新体系从内涵、目标等各个方面都取得了历史性的进展（李哲，2018），主要体现为以下三个特点。

1）围绕以创新发展为首的新发展理念，创新体系的内涵进一步拓展。十八届五中全会提出必须牢固树立并切实贯彻创新、协调、绿色、开放、共享的新发展理念。其中，把创新摆在第一位，是因为创新是引领发展的第一动力，是建设现代化经济体系的战略支撑，发展动力决定发展速度、效能、可持续性。创新发展是引领经济发展新常态的根本之策，也是破解中国发展不充分、不平衡矛盾的必然要求，要立足创新培育发展新动能，拓展发展新空间，构建产业新体系，构建发展新体制。同时，创新发展要服务于协调、绿色、开放、共享发展，解决发展不平衡、人与自然和谐、社会公平正义等问题，以创新视角看待发展内外联动问题。这意味着创新体系调整范围从科技创新拓展到了创新发展，这要求处理好科技创新和体制机制的关系，既要立足科技释放创新活力，也要依靠科技创新破解生态、民生、开放等发展中的新课题。

---

① 技术决定论认为，技术是自主的，技术变迁导致社会变迁，主要代表人物有托斯丹·邦德·凡勃伦（Thorstein B. Veblen，1857～1929）、雅克·埃吕尔（Jacques Ellul，1921～1994）等。

2）面向建设创新型国家和世界科技强国、创新体系的目标进一步提升。2006年《国家中长期科学和技术发展规划纲要（2006—2020年）》提出建设创新型国家，2016年《国家创新驱动发展战略纲要》明确了分三步走建设世界科技创新强国。这对中国调整国家创新体系提出了明确目标。2015年《深化科技体制改革实施方案》提出的改革目标是，2020年基本建立适应创新驱动发展战略要求、符合社会主义市场经济规律和科技创新发展规律的中国特色国家创新体系，进入创新型国家行列；为到2030年建成更加完备的国家创新体系、进入创新型国家前列奠定坚实基础。《决胜全面建成小康社会　夺取新时代中国特色社会主义伟大胜利》和《国家创新驱动发展战略纲要》面向加快建设创新型国家、建设世界科技强国目标也进行了体制机制方面的部署，将其作为建设现代化经济体系的重要内容。可以看出，创新体系调整的方向、目标围绕国家发展全局进一步提升，更加突出以深化科技体制改革完善国家创新体系，以国家创新体系支撑国家经济创新力和竞争力。

3）围绕实施创新驱动发展战略，科技体制改革实现了顶层设计和系列重大突破。科技体制改革是对创新体系的主动调整，创新体系的完善过程很大程度上是科技体制改革的过程。党的十八大以来，中国针对实施创新驱动发展战略、深化科技体制改革作出顶层设计和系统部署，提出10方面143项改革任务，更加强调系统性、整体性、协同性。在此基础上，针对科技资源配置、成果转化、科技人员等领域一系列重点难点问题，科技体制改革也取得了重大突破。

不可忽视的是，在取得改革进展的同时，中国在科技创新进程中还面临一些亟待解决的突出问题，涉及评价导向、政策协调、视野格局等方面。与此同时，国际科技经济格局正在发生深刻变化，全球新一轮科技革命和产业变革酝酿萌发，中国经济由高速增长阶段转向高质量阶段发展。在世界新一轮科技革命和产业变革同中国转变发展方式的历史性交汇期，需要对以往历程进行必要的反思，这样才能更好地把握好国内外发展新形势，以问题为导向，以需求为牵引，推动以科技创新为核心的全面创新，将改革进行到底。

第十九章　历史教训

第一节　长期面临的问题

以往的经验对于未来具有重要意义，它使人们知道中国一步步是如何走过来的。但是，这些经验在过去有效，在未来却不一定有效，如果处理不好，这些经验甚至会成为未来发展的阻力，这也就是《实践论》中批评的“唯理主义”“教条主义”。因此，忽视历史、不反思历史，在从新起点出发后就容易犯片面、孤立看问题等错误，这往往也是出现“靡不有初，鲜克有终”① 现象的客观原因。因此，在分析经验的同时，也需要对一些可能被忽视的问题进行更多的思考。例如，下面 8 类问题，就需要在未来推动科技创新过程中关注。

1）如何形成科技创新的合力？科技体制改革在中国整个改革开放进程中发挥了重要的引领作用，在新时代，创新更是被作为建设现代化经济体系的战略支撑。但时至今日，围绕创新驱动的全社会共识和治理导向并未形成，政府部门间的协同推进能力、面向全社会的动员能力滞后于发展的需要，一些重大决策落实无法形成合力，科技创新政策与经济、产业、教育、人事管理、资产管理等领域的政策衔接不足，这体现在市场准入、公平竞争、国有资产管理等多个领域。

① 出自《诗经·大雅·荡》，意思是说人们在开始一件事的时候都怀着美好的愿望，很少有人一开始就不想干好，但能够真正做到善始善终的人却很少。

2）如何调整科技创新的视野格局？在经济全球化的背景下，得益于改革开放，中国在发展过程中有效吸收了技术、管理、人才等不同类型的知识要素，结合自身特点在“干中学”中迅速提高了科技创新能力，在信息技术与传统产业相融合的部分领域甚至处于发展前沿。但在新一轮科技革命和产业变革尚在酝酿、全球化趋势有所抬头、中国日益走近世界舞台中央的情况下，已有的发展路径不再完全适用，后发优势在减弱，后发劣势可能增强。在此背景下，各类创新主体主动接入全球网络的渠道和方式滞后于经济发展的需求。相对于企业创新，科研机构在人员引进、聘用等方面的国际开放度较低。中国参与国际治理体系设计、规则制定等方面的经验和能力都还有很大不足。

3）如何发挥好市场机制的作用？政府直接支持引导的机制较多，全社会共同参与科技创新的机制较少，一些领域的科技管理体制、科技投入机制保留着计划经济色彩，与科学技术要素配置相关的技术交易、劳动力流动等方面的市场化程度不高，市场机制在配置创新资源方面的决定性作用远未充分发挥。在遴选和资助一些重大科研活动时，如何处理好政府和市场的关系还需要不断探索。

4）如何打破科技资源的封闭？不断增加的财政科技投入渠道有利于扩大科技投入规模，但也导致了科技创新资源分散、低水平重复等制度难题，中央财政科技计划投入方面的协调已取得突破，但大量科研机构、基地、平台仍处于各自为战、重复封闭状态，需要大幅度提高开放竞争、互通互联的水平。这需要针对科技军民融合、基地优化整合、跨区域的要素流动等方面采取更有力的改革措施。

5）如何衔接长期和短期的安排？不断促进科技与经济的结合、依靠科技提高经济效益是不同阶段发展过程中的理性选择，但更多强调了对科技投入的短期回报，对科技自身发展缺乏前瞻性、基础性、持续性的长远布局和积累。所以，中国的科技发展既要追求前沿技术突破，也要在应用基础研究等方面对前几次技术革命、工业革命的成果进行“补课”。

6）如何合理调整评价导向？论文、专利等科学技术产出规模在迅速增长的同时，客观上也伴生了急功近利、浮躁浮夸、恶性竞争的不良现象。论文本应是科研活动水到渠成的产物，有时候反而成了人们追逐的目标。对此，既要清理不合适的制度，也要合理确立新的评价导向，而伴随着科技创新活动的多样化，新产生的评价一定是多元、多主体的。

7）如何支撑区域、城乡间的平衡？高新技术产业开发区、自主创新示范区、创新型省市等创新集群，以及各种跨行政区域的空间分布，发挥了聚集带动辐射作用。但从宏观来看，各区域间创新能力的分化现象不容忽视，科技创新资源的空间布局没有得到足够重视，部省会商等机制主要针对点对点的协调。未来需要提高宏观统筹和主动布局能力，立足区域经济发展规律进行新的战略定位。同时，针对城乡之间存在的知识“鸿沟”，需要围绕乡村振兴扩大科技要素供给，增加供给的系统性、针对性。

8）如何保证改革措施落实落地？随着改革的不断深化，改革的难度也越来越大，有的领域改革滞后，有的措施难以落实，在个别领域，改革已无法带来振奋人心的实际行动，而是停留在口号层面。

从这些新问题来看，中国过去在创新方面的经验不能确保解决上述问题。

第二节　历史上的案例

放眼国际，历史上的教训曾在不同国度发生，影响犹在。

第一个发生在16世纪的西班牙，可称为“西班牙幻影”。西班牙在美洲发现贵金属矿后，财富像潮水一样涌来，但西班牙几乎将这些财富都用来支撑为宗教信仰和殖民扩展而进行的战争，没有发展工商业，更没有用于面向未来的投资。16世纪下半叶，西班牙国内的手工业极度萎缩，不得不付出大量黄金、白银从竞争对手英国、荷兰手中换取工业品。西班牙的货币急剧贬值，人民沉迷于消费，曾经富裕、强大无比的西班牙开始衰弱，随着财富的流走，西班牙也成了“过手财神”。投资科学技术，很大程度上就是投资未来。这也是一种相对中长期的投资，等到需要这些资源时再投资，往往已经来不及。

第二个发生在20世纪70～80年代的拉丁美洲国家，被称为“拉美陷阱”，也称为中等“收入陷阱”①。拉丁美洲国家在经济起飞后，全面地由以初级产品出口为主转向以进口替代工业化为主，重点和优先发展以制成品加工为中心的工业化和城市化。与之伴随的是，收入分配差距越来越大，财富掌握在少数人手中，而重工业的发展又使得剩余劳动力的比较优势无法发挥，导致了社会动荡和发展停滞。这个事例说的是工业活动中技术需求结构的问题，工业发展需要不同层次的技术，技术结构又会直接影响就业结构、分配结构。投资、技术、劳动力等要素在共同推动经济增长中是互动的、循序渐进的过程，如果一味追求高技术、高附加值，而劳动力水平又不一定能跟得上，就会造成劳动力供需脱节、分配结构失衡等社会难题。

第三个发生在日本和韩国。这两个国家面临的困境，来自它们曾经的优势和经验。在日本和韩国企业的快速发展中，政府发挥了重要的主导作用，由此培育和涌现大批的大型或超大型企业。这种模式在推动快速发展的同时，也出现利益集团、官僚机构共谋局面的固化和“寻租”现象，而一线的生产和技术人员则缺乏创新创业的激励。

第四个发生在工业革命的故乡——英国。从英国20世纪50年代中期到70年代后期的发展经历来看，英国发生产业衰退也许并不需要多么复杂深奥的背景。其原因相当简单：忽视工业发展而偏爱金融业；维持本币对其他货币的高比值；对全球竞争视而不见；反对引进新的技术创新；吝啬对未来的投资；过于注重宏观经济稳定，而不惜放弃激励投资和创新的微观政策；

---

① 罗伯特·佐克利在2018年中国发展高层论坛专题研讨会的发言中提到，世界银行在60年代的时候，审视了全球101个中等收入国家，在之后的50年，只有13个国家成为高收入国家。

纠缠于“分蛋糕而不是做大蛋糕”等（阿特金森和伊泽尔，2014）。

还有其他一些问题，如如何规避科技创新的路径依赖。在发展初期，新兴国家通过借鉴或引进领先国家的技术和管理工具，可以相对容易、快速地缩小与富裕国家之间的差距。但进入一定阶段后，新兴国家已借鉴了所有可以借鉴的东西，需要开始依靠自身进行发现、发明和创新。针对这种挑战，很多国家没有成功应对，其经济停止了追赶，陷入“收入陷阱”。导致这种失败的原因之一，是领先国家设定了技术和管理的标准。

第三节　对中国科技创新的不同认识

近年来，对中国科技创新的赞扬和批评不曾间断。特别是中美贸易争端后更是引发了对中国技术创新水平的广泛讨论，各类观点层出不穷且差异巨大。有的观点认为，中国在国际上已“全面赶超”；有的观点认为，中国某些制造业领域95%的核心技术受制于人。

2015年，德国墨卡托基金会中国研究中心发表报告认为，中国的创新战略取得明显成果，在信息、医疗、生物技术等领域进展迅速，不少企业已成为西方企业有力的竞争者和具有吸引力的合作伙伴。该报告也认为中国创新还有很长的路要走，在科研规划、教育科研体系、市场环境等方面需要做出适当调整。

2015年4月，世界经济论坛发布《中国企业全球化最佳实践：制定创新模式》报告，报告称中国企业已将培养创新能力、建立可持续的全球化发展路径作为其在海外拓展的核心战略。领先的中国全球化企业已不再单纯地以进入海外市场及获得海外资源为目标，而是注重将创新从产品与技术延伸至服务、商业模式等全方位海外运营领域，进而保持企业在国际市场上可持续的竞争优势。

同年7月，美国麦肯锡全球研究院的一份报告《中国创新的全球效应》认为，在研发投入、专利申请、科学和工程专业博士的培养等方面，中国已成为全球的创新领袖。中国能否应对经济转型带来的挑战，创新是关键所在。报告对2万多家上市公司进行分析后，将各行业的创新分为科学研究型创新、工程技术型创新、客户中心型创新和效率驱动型创新四种类型。中国企业在客户中心型创新和效率驱动型创新领域的优势最大，而在依靠科学研究和工程技术创新的行业差距最大。

2015年9月，世界知识产权组织在《全球创新指数2015》中对中国的创新情况进行了分析，认为中国的创新能力提升很快，在141个经济体中总体排第29位，较2012年上升了5位。其中，创新产出指数位居第21位，技术产出和高技术产品出口比例分别高居第3位和第1位。该报告也认为，中国创新体制机制的短板和软肋仍然明显。这种观点，一方面是由于制度数据多基于问卷调查采集，含被访者的主观意志；另一方面也简单混淆了因果关系，“硬指标”提高恰恰是得益于“软环境”的不断改善。从改革开放的历史来看，正是中国持续不断的解放思想和体制改革，对科技的重视程度大幅提高，并采取了加大科技投入，以及发展高新技术企业、高技术产业、科技园区等措施，才使中国创新的“硬指标”得以快速提高。

2017年12月，欧盟委员会发布的《2017产业研发投入记分牌》（简称记分牌）显示，在全球研发投入2500强企业中，中国有376家企业上榜，在国别中列第2位。2016年中国企业的研发投入比2015年增加了18.8%，远高于全球2500强企业的平均增长水平（5.8%）。数据变化呈现出几个趋势，如中国企业更加重视研发投入，传统产业和新兴产业进入记分牌的企业数量均大幅增加；各国研发投入和研发强度显著提高，ICT行业逐渐成为创新龙头；中美两国在新兴技术领域的企业数量较多，欧盟和日本的企业更多集中在传统产业等。

针对中国技术水平的落后，也有尖锐的批评和反思，有观点认为中国虽然在技术研发方面有局部突破，但核心技术受制于人的问题没得到根本解决。中国工业和信息化部对全国30多家大型企业130多种关键基础材料调研结果显示，32%的关键材料在中国仍为空白，52%的关键材料依赖进口，绝大多数计算机和服务器通用处理器 95% 的高端专用芯片、70% 以上智能终端处理器及绝大多数存储芯片依赖进口。如何认识这种现象，是这个发展阶段必须要深入思考的问题。上述认识上的巨大差异，主要在于没有系统、动态、客观地观察中国技术创新的特点，从而得到片面甚至偏激的结论。

第四节 技术体系能力

在国际技术竞争中，取得竞争优势的关键往往并不在于某一项技术是否先进，而在于整个技术创新体系的能力，这体现在两个方面。

1）技术体系。技术体系是围绕某个领域、某项产品或工程，各种技术之间相互作用、相互联系，按一定目的、一定结构方式组成的技术整体。不同技术间的不同组合可以形成不同的技术体系。一项产品的技术竞争力取决于对相应技术体系的运用能力，而不是单独某一项技术。

其中，决定产品技术路线能否实现且难以被替代的一类技术被认为是该产品的核心技术。各界关注的“卡脖子”技术主要指此类核心技术。获得这类技术可以通过两种渠道：①通过元器件采购、技术采购、委托研发等外部渠道获得；②在自身研发积累的基础上产生。两种渠道之间不是孤立的，而是相互影响、相互促进的。在正常的开放合作条件下，通过自身研发、技术采购等能力的综合提高，都可能围绕某项产品形成完整的技术体系，从而形成技术竞争力。

2）配套的制度体系。技术创新不只是研发过程，围绕技术生产、配置等环节需要配套的制度安排，两者共同构成复杂的技术创新体系。技术研发和供给机制、市场准入和竞争机制、价值实现机制等都是决定技术创新体系能力的重要制度安排，也是衡量技术创新竞争水平的关键因素。当前，中国推动以科技创新为核心的全面创新，就是要发挥技术和制度的协同作用，共同提高技术竞争力。

技术体系并非静止的，而是随着市场不断演化的。新技术在现有技术的基础上发展起来，现有技术又来源于先前的技术。新的技术产品和工艺通过被应用而获得改善，在改善之后再获得进一步的应用。众多的技术集合在一起，和资本等其他生产要素共同创造了新产品、新模式、新业态，这个过程中市场需求会决定哪种新技术将会被开发、被纳入实际应用。

在市场中得到应用是技术（而非科学）演化的起点，技术演化过程伴随着生产率的提高、利润和研发投入的增加，才能形成技术体系演化的良性循环。技术一旦开始演化，会带动其他方面的协同演化，如与相关领域的科学发生关联，带动基础研究的发展；与实际应用中的制度、工序发生关联，带动技术标准、技术工艺的发展。进而，这种技术演化也会影响人们的观念和态度，除少部分纯理论的自然科学研究外，科学传统、工匠精神大多伴随着技术体系而协同演化，抛开技术体系的演化只谈科学传统、工匠精神是不全面的，更无法解释技术竞争力的形成和提高。

因此，静止地看待一项技术（或技术体系）是无法准确判断其竞争力的。提高技术竞争力，就需要使其在市场竞争中不断试错、迭代，在演化中得到改善和提高。

从体系特点来看，中国形成了完备的工业体系和科研体系，与技术创新相配套的体制机制改革也在不断深化，这是中国技术创新的基础。从演化特点来看，历次工业革命发展的历程已经证明，只有开放才能吸收各方面的技术资源，不断完善技术体系。当前世界上的创新型国家无一不是技术创新开放度高的国家。中国技术创新取得的积累和进步，很大程度上得益于改革开放 40 余年来，通过参与国际科技合作和全球产业分工，把握住了技术经济演化的趋势，将不同类型、不同水平的技术要素配置到经济活动中，从而实现了技术的快速迭代。

例如，近年来国外针对中国新经济发展所称的“新四大发明”，主要是基于中国制造业改造升级与以信息通信等新技术相融合而形成的优势，是技术创新但不是以核心技术研发为基础的创新。这种技术创新创造的经济贡献和比较优势不能被忽视，而且这类创新（而非仅靠实验室里的科学突破）

为提高核心技术研发能力奠定了必需的基础，这个阶段也是技术体系形成和演化无法跨越的。

因此，对中国现阶段技术发展水平的认识，既不能故步自封，认为中国很多领域已经走在了世界前列；也不能妄自菲薄，忽视中国几十年来取得的巨大技术进步。只要保持持续的研发积累，不断提高开放水平，中国的技术体系就会继续发挥比较优势，持续不断迭代，从而向更高的技术水平演化，人们就不会因某个单项技术的突破而沾沾自喜，也不会因未掌握某项技术而懊恼不已。

第二十章 科技变革

美国的杰里米·里夫金[①]的著作《第三次工业革命：新经济模式如何改变世界》，在全球金融危机背景下，引得各界官员、政策研究者纷纷侧目，并开展了热烈的讨论。“科技变革”“科技革命”“产业革命”“工业革命”等词语被高频使用，革命处于“萌发”“酝酿”“前夜”也成为大家议论的话题。那么，到底是变革还是革命[②]？谁革命？这似乎存在着很多模棱两可的答案。考虑到这对中国的科学、技术和创新具有基础性影响，在此有必要专门进行讨论。

第一节 科学革命、技术革命和工业革命

对科技革命的讨论要从科学、技术和创新这三个基本概念说起。近代以来，发生过两次科学革命、五次技术革命及与之相关的产业革命、社会革命[③]。第一次科学革命是以伽利略、牛顿的研究成果为代表的经典力学，第二次科学革命则是近100年来，以爱因斯坦、普朗克等的研究为代表的量子

---

① 美国华盛顿特区经济趋势基金会总裁，出版《生物技术的世纪：新经济模式如何改变世界》等一系列畅销书，这些书主要是对技术和经济进行方向性的分析评论，而非专业的学术研究。

② 与革命（revolution）不同，变革（evolution）更多表现为渐进的、自组织的、有很强不确定性的变化。

③ 理论界对于技术革命、工业革命的次数和周期存在不同的观点，但对整体的发展历程有共识。

力学和相对论。

这些科学发现一直在改变着人们对世界的认识，如阿特金斯（2018）将量子力学比喻为“病毒”，他说，20 世纪的头几十年中，这种“病毒”带来的疾病几乎完全摧毁了经典物理——不仅销毁了经典物理中的一些极有意义的概念，如粒子、波和轨道，而且几乎将我们所建立的对于真实世界的认识撕成碎片（阿特金斯，2018）。从来没有一种有关物质的理论在哲学家中产生如此恐慌，从来没有这样一种物理学家掌握的物质理论被证明是如此可靠（目前量子力学的预言无一例外地被观测到）。

技术革命则是在应用层面对一些科学革命成果的消化吸收，这需要几次技术革命才能逐步吸收完。佩蕾丝（2007）认为，从 18 世纪开始的经济增长已经历经五个不同的阶段，并伴随着五次相继出现的技术革命（表 20-1）。

上述几次技术革命被人们对应称为第一次产业革命（发生在英国），蒸汽和铁路时代（从英国逐步扩散到欧洲大陆和美国），钢铁、电力、重工业时代（美国和德国追赶并超越英国），石油、汽车和大规模生产时代（从美国扩散到欧洲），信息和远程通信时代（从美国扩散到欧洲、亚洲）。

表 20-1 1770～2010 年五次相继出现的技术革命

技术革命	该时期的通行名称	核心国家	诱发技术革命的事件	年份
第一次技术革命	第一次产业革命	英国	阿克莱特在克劳福德设厂	1771
第二次技术革命	蒸汽和铁路时代	英国	“火箭号”机车试验成功	1829
第三次技术革命	钢铁、电力、重工业时代	美国、德国	卡内基酸性转炉钢厂在匹兹堡开工	1875
第四次技术革命	石油、汽车和大规模生产时代	美国	第一辆 T 型车从底特律的福特工厂出产	1908
第五次技术革命	信息和远程通信时代	美国	英特尔的微处理器在加利福尼亚的圣克拉拉问世	1971

技术革命周期和经济发展周期有着紧密的联系。经济学家尼古拉·康德拉季耶夫（Nikolai D. Kondratieff，1892～1938）在20世纪20年代总结到，经济发展有一个50年左右的长波周期，历经振兴期、繁荣期、衰退期、萧条期四个阶段。虽然在一些重大标志性的启动事件上存在少数不同的观点，但历史上的几次长波周期与技术革命在时间上有着高度的契合。熊彼特、库兹涅茨等经济学家在尼古拉·康德拉季耶夫长波周期的基础上，进一步解释并发展了周期理论，认为技术创新在经济增长中有主导作用。

熊彼特识别出三次长波，每一次长波都是由能够影响整个系统的技术突破引发的，这里的“技术突破”也就是后来所称的“基础性创新”。第一次长波来自蒸汽机的发明，时间跨度是1787～1842年。第二次长波来自铁路的建设，时间跨度是1843～1897年。第三次长波来自电气化，时间跨度是1897～1940年（库尔茨，2016）。

每次技术革命将带动形成大规模的基础设施、生产线的投入，这也就带动了工业革命，工业革命具体体现为铁路、电报、城市煤气、石化产品、输电网络、计算机等方面的建设。随着技术革命和工业革命，人们需要从理念上、制度上进行相应调整，也需要在生活方式上进行一定改变，这就对应形成了社会变革。

例如，第二次技术革命期间，新技术、新思想带来了巨大的工业和社会变化。1844年，美国的塞缪尔·莫尔斯发明了电报。1851年，万国博览会在伦敦举办，600多万人参观了1万多种最新发明的工业品，包括轨道蒸汽牵引车、高速汽轮船、起重机和收割机。1859年，达尔文发表《物种起源》，以进化的思想推翻了“神创论”和“物种不变”的理论。1861年前后，瑞典科学家诺贝尔开始研制液体炸药硝酸甘油。此后，铁路、火车、电报和大型电动机械，在欧美大陆得到了广泛的普及。

第二次科学革命以来，科学发现的密集高峰期已过去，科学发展速度放缓，大的科学发现日益稀少，对科学发展“天花板”的新突破尚无明确迹象。虽然有些重要的新发现，但仍在已有科学形成范式的框架之内。《科学》杂志近年选出的科学重大突破中，对引力波、双中子星合并的观测均为重要内容。2017 年，诺贝尔物理学奖也授予了激光干涉引力波天文台（Laser Interferometer Gravitational-Wave Observatory，LIGO）的设计应用者，表彰他们对直接探测引力波做出的杰出贡献。但这些，仍只是对爱因斯坦理论的验证。现有的科学进展，很大程度上仍然是第二次科学革命成果在各个领域的应用、验证，以及与其他各个领域的交叉融合。

2018 年，14 位来自美国和欧洲的科学家共同署名，在《科学》杂志上发表了一篇题为《科学的科学》的文章。他们通过对科学网络的观察得出结论：科学文献是呈指数增长，而科学观点或思路则是呈线性增长。其原因在于，科技界现有的组织方式客观形成“增稠效应”，使得科学家容易“抱团”，更易选择相关研究领域，一篇开创性、高水平的论文将带动形成一系列不同层次、不同相关领域的论文。这就造成论文形式的科研产出很多，但新的科学观点实际上并未同等规模增长。因此，从这个结论来看，新的科学观点并不与论文数量同比增长，仅靠论文数量不能衡量科技发展水平。

相对科学革命，技术革命正在以融合扩散的状态发生。每轮技术革命内部也具有阶段性特点，包括前半期、后半期。前半期是新兴主导技术产生新的经济部门，后半期则是这些技术向其他经济部门的扩散。目前，世界技术发展正处于 20 世纪 80～90 年代开始的信息通信技术革命周期的后半期。与前半期信息技术新产品、新产业爆炸式增长，新技术体系和基础设施不断完善成熟的阶段相比，后半期是信息技术不断向其他技术领域转移、扩散、融合的阶段。

第二节　效率的变化

宏观数据也从侧面反映出这一现象。基于全球创新指数的创新效率比指标，可以发现，全球创新效率有下降趋势，侧面反映了科学和技术变革仍处于酝酿阶段。2012 年以来，创新效率比的最大值、中位值都呈下降趋势。

最大值从2012 年的1. 13 下降到2018 年的0. 96；中位值从2013 年的0. 78 下降到2018 年的0. 61（图 20-1）。从主要创新型国家来看，2013 年以来创新效率比也处于波动状态，德国、英国、美国、法国在2015 ~2018 年出现不同程度的下降趋势；日本的创新效率比则一直相对较低；俄罗斯的创新效率比则在2014 ~2018 年呈连续明显下降趋势（图 20-2）。

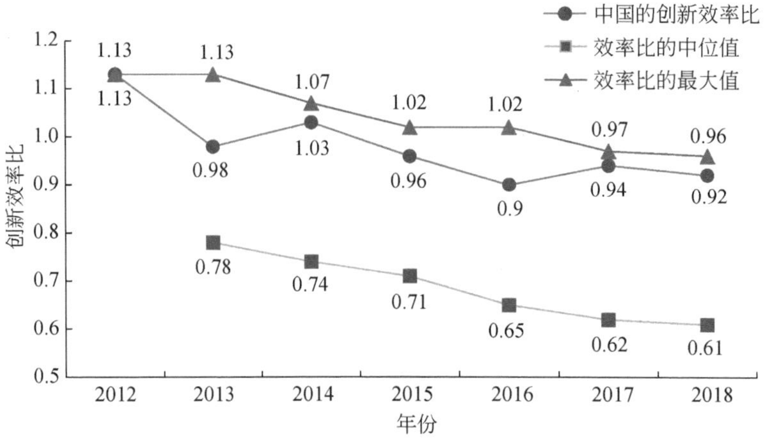

图 20-1　2012 ~2018 年全球创新指数中的创新效率比变化

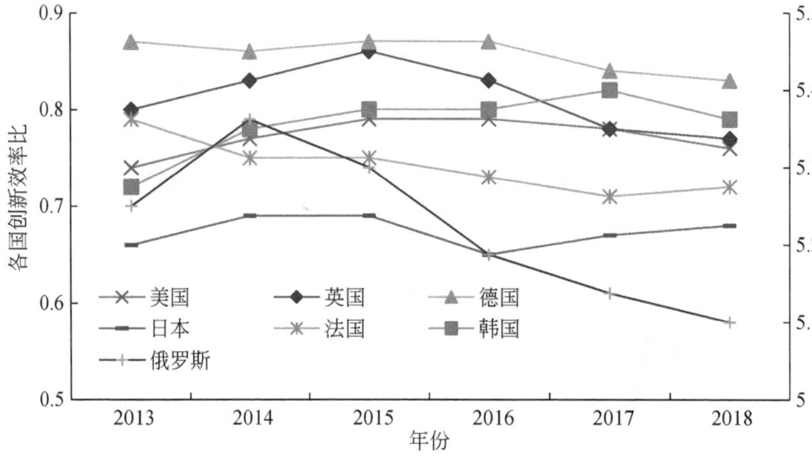

图 20-2　2013 ~2018 年若干国家创新效率比变化

这种现象表明，虽然世界各国普遍加大创新投入、改善环境，但创新产出并未实现同步或更快速增长。前期形成的科技积累通过创造新经济部门的方式（如20世纪80~90年代信息技术带动经济增长）促进经济增长的作用减弱，新一轮科技革命并未出现明显迹象。在此条件下，这些要素对经济增长的贡献将主要依靠成熟技术在各行业的扩散融合来实现。

未来20年，信息技术将会与交通、能源、制造、生物等技术领域产生融合、杂交和变异，云计算、大数据、人工智能等新技术将不断涌现，带来大量新技术、新业态和新商业模式，呈现出产业变革的广阔前景。中国政府在很多重要文件中提及互联网、大数据、人工智能和实体经济深度融合，其背后所蕴含的经济规律之一，便是技术革命和经济周期的阶段性特征。

科学“天花板”何时突破不明确，但并不意味着创新的停滞。正是不同技术领域的融合，而非单纯的新研发，蕴藏着巨大的经济前景，为经济发展新动能提供着路标。例如，新一代信息技术①、生物技术均代表着新兴技术和产业的发展方向。以云计算、智能终端等为代表的新一代信息技术在生物医药产业得到了越来越广泛的应用，两个领域正在发生着深度融合。这种融合既反映了医药研发、生产及医疗服务发展的新趋势，也预示着新的产业机遇和市场空间。

新一代信息技术已渗透生物医药产业的各个环节，正在对生物医药产业形成变革性的影响。在研发环节，云计算、大数据、“虚拟人”② 等技术将推进医药研发的进程。很多发达国家正尝试运用信息技术建立“虚拟人”，

---

① 根据国家《“十二五”国家战略性新兴产业发展规划》，新一代信息技术产业主要包括下一代信息网络、云计算、物联网、数字虚拟、新型显示、智能终端产业和新兴信息服务及其商业模式等领域。

② “虚拟人”（visual human）是人体分子细胞组分完整的数学模型，可以被用于模拟与特定靶点相互作用的生理学效应，找出与病程相关的靶点，以及判断需要采用哪种干涉方式。根据构建阶段，“虚拟人”分为“几何虚拟人”“物理虚拟人”“生理虚拟人”三个阶段。

将药品临床试验的某些阶段虚拟化。针对电子健康档案数据的挖掘和分析，将有助于招募特定基因型的患者开展临床试验，研发基因导向型的个体化药物，大大加快药品研发效率，降低研发费用。随着近年医药跨国公司不断加大外部研发活动①，基于新一代信息技术的专业医药研发业务规模也将迅速扩大。

在生产流通环节，无线射频识别标签、智能尘埃（超微型传感器）、温度传感器将在药品流通中广泛应用。提高药品流通领域的电子商务应用水平，将成为提高药品流通行业集中度和流通效率的主要方式。

在医疗服务环节，电子病历②、智能终端、物联网、网络社交软件等将有限医疗资源共享给更多人，形成新的医患关系，并推动个体化的医疗服务。良好的市场前景已使很多信息技术公司介入生物产业，如微软公司推出了“Health Valut”③ 个人健康管理平台，IBM 推出了“智慧医疗”④ 服务产品，Fackbook 和 Twitter 为赛诺菲、罗氏制药等医药跨国公司提供了了解患者观点的工具。

---

① 李哲．金融危机后国际生物产业投入的几个特点．中国科学技术发展战略研究院调研报告 2012 年第 33 期。

② 电子病历（electronic medical record）是医疗信息化领域的重要组成部分，指以电子化方式管理的有关个人终生健康状态和医疗保健的信息，它可在医疗中作为主要的信息源取代纸质病历，满足所有的诊疗、法律和管理需求。

③ Health Vault 是基于网络的消费者个人健康记录工具，具有管理、存储、共享健康信息的功能，第三方可以在 Health Vault 平台上开发应用，同时与医疗服务机构建立起直接联系，包括医院、实验室和药物公司，这些机构将向在 Health Vault 注册的消费者们提供电子化的数据。

④ 智慧医疗是通过打造健康档案区域医疗信息平台，利用最先进的物联网技术，实现患者与医务人员、医疗机构、医疗设备之间的互动，逐步达到信息化。智慧医疗一般包括智慧医院系统、区域卫生系统、家庭健康系统。智慧医疗的导向为，患者只用较短的治疗时间、支付较低的医疗费用，就可以享受更多的治疗方案、更高的治愈率，还有更友善的服务、更准确及时的信息。

第二十一章　十 字 路 口

过去几十年来，中国围绕科技与经济紧密结合这条主线，立足中国特色，吸收国际经验，对各界的关注逐步从科学、技术领域拓展到创新领域，在科技人才、科技发展、科研机构建设、科研条件和基础平台、科技成果转移转化、国际科技合作等多个方面，陆续采取了大量政策、措施。从对象、功能、层级等角度看，这些政策和措施已涉及方方面面，全面进入了推动科技创新的阶段。特别是在全面深化改革过程中，中国政府既强调科技自身发展，关注各类创新主体建设及其之间的协同、互动、开放，也特别突出了激励创新的公平竞争环境，将保护知识产权、制约行业垄断、改进市场准入、健全产业技术政策等作为未来政策完善的重要方向。

随着中国科技创新能力的提高，未来道路实际上会更加艰辛。这既有面对未来挑战的原因，也有大量自身内部的原因。虽然本书描述了很多中国依靠科技创新取得进展的经验，但不可忽视的是，中国也付出了沉重的代价，如严重的环境污染、不可回避的贫富差距，以及市场中仍然存在的特权、扭曲等现象。这些问题与技术、创新都有着直接或间接的关系，也是各方面改革的关注重点。在上述难题的破解过程中，科学、技术是不可回避的因素，甚至是决定成功与否的关键。

第一节　经济发展的需求

中国经济进入新常态，意味着中国要在保持一定经济增速和持续调整经济结构间保持平衡，这在政府文件中被表述为经济增长速度换挡期、结构调整阵痛期、前期刺激政策消化期的“三期叠加”。从科学技术发展的角度，这也是一段历史交汇期①。这个阶段，中国的发展会面对一个个新的十字路口，在面向机遇的同时，也面临着层层矛盾和重重风险，不慎的话，可能会陷入各种泥潭。在非常大的程度上，规避这些风险，取决于科学、技术方面的应用与积累。

在十字路口面前，科技对未来发展的意义前所未有。正如习近平所指出的那样，从某种意义上说，科技实力决定着世界政治经济力量对比的变化，也决定着各国各民族的前途命运。创新是引领发展的第一动力。抓创新就是抓发展，谋创新就是谋未来。习近平在瑞士达沃斯出席世界经济论坛2017年年会开幕式并发表主旨演讲时，引用英国文学家狄更斯在《双城记》（描述工业革命发生后的时代）中的话：这是最好的时代，也是最坏的时代。对中国而言，目前要关注的问题是，历史上的教训如何规避？以往的成功经验是否还能延续？在讨论未来之前，我们要先分析当前中国科技创新的时代背景及其发展的阶段性要求。

未来一段时期，是中国全面建成小康社会的决胜阶段，也是中国进入创新型国家的攻坚阶段，同期，中国面临着经济长期保持中高速增长、迈向中高端水平、跨越中等“收入陷阱”的重大挑战。将创新作为引领发展的第一动力和五大发展理念之首，推动以科技创新为核心的全面创新，体现出中国政府从重大战略和经济社会整体发展角度对科技创新提出的迫切需求。

面对这种需求，要把科技创新作为供给侧结构性改革的重要内容，加快新技术、新产品、新业态的供给。同时，也要把科技创新政策作为调整生产关系的重要工具，需要科技体制改革和经济社会领域改革同步发力，充分发

---

① 2018年，中国科学院第十九次院士大会、中国工程院第十四次院士大会上，习近平在讲话中提到，现在，我们迎来了世界新一轮科技革命和产业变革同我国转变发展方式的历史性交汇期，既面临着千载难逢的历史机遇，又面临着差距拉大的严峻挑战。我们必须清醒认识到，有的历史性交汇期可能产生同频共振，有的历史性交汇期也可能擦肩而过。

挥市场配置创新资源的决定性作用，破除科技与经济深度融合的体制机制障碍，促进经济发展动力转换。

科技创新与供给侧结构性改革相连，也就意味着创新系统要与现代化经济体系紧密相连。现代化经济体系是由社会经济活动各个环节、各个层面、各个领域的相互关系和内在联系构成的一个有机整体，涉及产业、市场、城乡、区域、收入分配、开放等各个方面。建设现代化经济体系要充分认识高质量发展的内在要求，需要高质量、全面的科学技术知识供给。这就意味着，要着力加强基础研究、应用基础研究，加快关键共性技术、前沿引领技术、现代工程技术、颠覆性技术等领域的突破，提高科学技术要素在经济发展中的贡献份额。要围绕产业、城乡、区域、不同收入群体等方面充分平衡发展的需求，把科学技术要素合理配置到经济活动中的方方面面，不断提高配置能力、配置比例和配置效率，使科学技术要素渗透、弥散于各类经济活动中，推动经济发展的质量变革、效率变革、动力变革。

国家创新体系天然是现代化经济体系的筋骨（胡志坚和李哲，2018）。科学技术要素对建设现代化经济体系至关重要，而传统市场机制对这类要素配置的效率不高。国家创新体系反映经济活动中此类要素复杂过程的整体状况，其着眼点正是激励科学技术要素生产、提高配置效率，进而提升经济发展质量。国家创新体系，既考察企业、大学、科研机构、政府、投资银行等不同主体在创新中的作用和相互关系，也考察法律、法规、政策、文化等各种制度对创新资源配置的影响。从这个意义上看，国家创新体系反映出科学、技术作为生产要素参与经济活动的状态，是经济发展现代化程度的重要表现。

只有不同类型的创新主体提高自身能力，根据发现、发明、创新的不同规律开展相应活动，才能实现不同类型科学技术要素产出。只有进行整体、系统的组织和制度设计，才能建立不同类型科学技术要素之间的有效关联，使科学技术资源有效应用于经济活动中，最大程度实现经济价值。国家创新体系的高效运行，既可以提高全要素生产率和劳动生产率，也可以形成新的产品和服务，同时还会产生新的经济部门进而改变整个经济结构。只有国家创新体系运行高效，经济竞争力和创新力才会强，现代化经济体系才会强。

因此，中国的科技创新，虽然面对着新的十字路口，但未来总方向却是非常明确的，那就是完善国家创新体系，支撑现代化经济体系建设，进而支撑社会主义现代化强国建设。这是科技创新最终也是最重要的“干流”，在“干流”汇聚形成的过程中，科学技术在质量强国、网络强国、航天强国、交通强国、数字中国、智慧社会等方面发挥的作用，就形成了主要的“支流”。

第二节　需要面对的几类关系

这些阶段性特征对政府组织科技创新活动提出了新的要求。①对科技创新规律的认识要更深刻。例如，对科技和产业变革发展周期、要素的把握，对互联网条件下科技创新活动组织模式的分析等。②对科技创新的协调要更重视。政策在制定实施中，要更加注重科技与市场、产业、金融、教育、人才等领域政策的相关性，一体化设计才有利于协同实施。③对中国特色创新模式的总结要更主动。从发展历史看，政策理论往往基于发达国家经验。改革开放以来，中国的科技创新活动具有鲜明的中国特色，随着创新驱动发展战略的实施，也将激发出更旺盛的活力。

各国虽然科技经济基础不同，但都在通过科技创新战略和政策措施，调整科技与经济结合的一些基本关系，使基本关系适应科技创新规律和国际竞争趋势。中国未来的科技创新，也需要主动调整这种关系，即从制度角度完善国家创新体系。这些关系包括以下五类。

1）政府与市场的关系。政府与市场的关系决定科技创新资源的宏观配置效率，也决定各类创新主体面临的基本制度环境。历史上，创新理论多认为政府的作用主要是提供公共科技投入，发挥对基础研究、公益研发机构、科技基础条件设施的供给作用，而技术应用、商业化等创新链后端的资源配置则主要应由市场机制来决定。

这一观点在美国、英国等遵循西方自由经济的国家最为流行，德国、法国通过非政府组织提供科技创新的公共支持，但一般也不直接干预市场。弗里德里希·奥古斯特·冯·哈耶克（Friedrich August von Hayek，1899 ~ 1992）就曾提出，任何复杂经济体中的技术知识必然分散在各个部门的参与者手中。任何制定计划（如把资源配置给各个产业部门的计划）的个人或机构都需要知道所有部门的技术知识，从而设计出最适合各个部门的生产工艺。让所有掌握技术知识的人都集中起来为计划服务，成本将高得无法承受。他的另一个观点是，正确的商业决策通常需要熟知技术诀窍的实际参与者的加入，这些人具有从长期工作经验中获得的洞察力，这种洞察力能帮助他们克服启动投资项目和产品开发中遇到的问题。按这个逻辑，商业决策需要有技术背景的人，通过自由市场机制参与进来，政府不应该参与其中。

近年来，关于自由经济的观点在实践中有一些微妙的调整。不仅德国等国家的政府保持并加强了对技术应用开发的关注，英国、美国等国家的政府也以政府直接投资建立机构的方式，干预面向市场的应用技术开发。这反映出在国际竞争加剧的情况下，欧美等科技领先国家在几次科技革命过程中积累的优势逐步减弱，政府对技术成果商业化原有的长周期特点产生焦虑，开始强调市场主导与政府引导的共同作用。在这些国家，政府和市场间原有的“平衡点”向政府偏移，只有当政府认为国家又重新获得了足够的科技先发优势时，“平衡点”才可能向市场的方向移动。

2）效率与公平的关系。国家创新体系理论的出发点，就是通过主体互动、资源流动，提高创新的整体效率，而这一理念也发生了变化。对科技、经济绩效的关注仍是基础，但以包容性创新、负责任的创新等为代表的新观点也在发展。

包容性创新主张通过科技创新增强低收入群体的福利，也强调普通个体参与创新过程的公平、机会均等。经济合作与发展组织，以及印度等国家对此非常关注，各国对小型微型企业、草根创新的支持也受此影响。

负责任的创新则是代表了另一方面的理念，它主张创新过程透明、互动，以及创新结果符合科技伦理，能被社会认可。这对数据开放、核安全、转基因作物、基因编辑技术等方面的政策制定尤为重要。

在很多领域，社会公众对科学技术的发展根本无法形成足够的认识。例如，基因编辑作物就存在信息不对称现象，相关产品的安全性也并不是普通消费者可以通过经验或者外在感观来判断的，这时就需要有效监管和负责任的创新。2016 年，欧洲科学技术伦理组（European Group on Ethics in Science and New Technologies，EGE）发布了《对于基因编辑技术的声明》（*Statement on Gene Editing*），认为应该暂停人类胚胎或配子的基因编辑技术，关于基因编辑技术的可接受性和可取性的审议应该扩大到公众社会，向持有不同观点、具有不同专长和价值观念的社会人员征询意见，而不是单独选择某个国家、社会团体或学科（何晓丹等，2018）。

3）竞争与开放的关系。传统观点认为，要提高竞争力，就要尽可能吸收国际已有的先进科技成果，防止本国科技成果的流失，国与国之间存在科技领域的无形边界。但在全球化、互联网背景下，各国创新活动之间联系的紧密程度远超历史上任何时期，一个国家创新体系的变化和调整，都有可能通过资源、要素、主体的国际流动传导至其他国家，对其他国家创新体系的发展产生影响。因此，各国对增强国家创新体系开放性的重视达到了前所未有的高度，在一般科技和产业领域，不再强调对某项或某类单一技术的独占。

4）技术与制度的关系。通过不断完善制度，保障创新主体有效发挥功能，进而形成知识、技术和经济的产出，是促进科技与经济结合的基本导向。但近年来，人们认识到，不仅制度能够影响科技创新的产出，新的技术也在影响着整个社会的运行规则。例如，信息技术的发展和融合改变了原有的市场竞争格局，路径依赖、学习成本、网络效应形成“赢者通吃”的局面，使得不同业务之间的跨界融合、跨界竞争不断涌现，细分市场份额不断集中，行业格局正全面重塑。再如，互联网金融引发人们对商业银行改革的思考，可再生能源的发展正在倒逼电力体制改革，电商、医疗、交通等领域的新兴商业模式突破了原有监管制度。这意味着，技术引发的制度变革将更加频繁，制度不仅要适应和调整创新主体的变化，也要适应技术自身的变化。

5）共享与独占的关系。共享经济对国家创新体系的影响，体现在创新主体的功能变化上，如提供者和应用者的双重身份；更体现在创新主体对制度设计的需求上。强调共享，有利于小型微型企业、个人获得创新资源，降低全社会科技创新的总体成本，提高创新活动的包容性。强调独占，则有利于为创新者提供稳定的市场预期，保护创新者依靠创新所获得的利益。共享与独占都有激励创新的一面，但也客观存在着内在的矛盾。

国家能否建立一个强健的创新型经济，取决于能否平衡创新中的“阴”与“阳”，即个人自由与集体行动、当代人的利益与下一代人的利益、追求稳定与积极变革之间的平衡（阿特金森和伊泽尔，2014）。阿特金森认为，这需要反思，如何对具有公共商品和私人商品双重属性的知识产品的使用、分配和利益分享做出更合理安排。这对科技创新政策的设计提出了新命题。

第二十二章　潜 在 难 题

无论是发达国家，还是中国这样的发展中国家，在未来的发展中，要规避几类难题，它们表现为封闭、僵化、无意愿、无活力，会极大消耗创新的效率。

第一节　创新的意愿

谁在创新？谁需要潜心研究？谁需要在市场上不断试错？他们之间的联系机制是什么？创新者面临的路径和障碍是什么？不同个体间的差异性又该如何体现？忽略了这种多样性，创新就可能被泛化，变得虚无。

第十九章至第二十一章更多是从宏观上分析了未来创新的方向。但是，从微观层面，特别是从个体层面，需要关注人们的创新创业意愿。实现创新最重要的因素是人，在不考虑智力、经验等内在条件的情况下，决定人是否能够创新的几个外部条件是自由、产权和成本。自由是个人有选择合作、投资的对象和方式的自由，这是创新的前提。明晰的产权会使人能够预知收益，这对投入有着根本的影响。成本也是一项重要的因素，包括这些资源的直接成本，也涉及与它们相关的交易成本。即使美国、欧洲这样的发达经济体，在这方面也面临着新的问题。

有观点认为，大多数西方国家的经济都已接近停滞，其中美国从 20 世纪 70 年代中期开始，西欧大部分国家则从 90 年代后期开始。整个经济的劳动生产率从 1972 年开始降低，由于信息通信技术的巨大进步引发了互联网革命，劳动生产率从1996年开始有显著回升，但于2004年结束时再次下滑（费尔普斯，2013）。在美国，这种停滞表现为增长率的长期低迷、包容性的下降（首先是工人阶级，然后扩大到中等收入阶层）和工作满意度的降低。在欧洲，创新的消失发生的更早也更严重，但被海外技术的引进掩盖（费尔普斯，2013）。

也有观点认为，美国经济的大停滞现象与科技发展、创新规律有关。人类社会的任何技术都有一个起点，沿着这个起点衍生出丰富的体系和框架，不断扩大技术本身的效用。但随着技术不断发展，其体系本身的复杂性也会不断提升，新的创新就会越来越复杂和困难，最终出现瓶颈。随着复杂性的增加，研发投资金额变大，回报周期开始变长，回报金额开始递减，最终资本望而却步，无力推进（考恩，2015）。美国作为最发达的国家，会最早遭遇这种停滞。

从全要素生产率（total factor productivity，TFP）的角度也可以发现相关的现象。20世纪80年代以来，主要发达国家的TFP经历了长时间的缓慢增长，这与同时期世界研发支出的大幅增加不相称，因此被称为“TFP增长率之谜”。从TFP增长率来看，世界TFP增长率自20世纪70年代初期开始大幅下降，在2000～2007年经历了一轮快速增长后，于2008年再度大幅下降①。相对而言，美国TFP的增长率显著优于其他主要发达国家，尤其是在1995～2006年。与经济密切相关的技术前沿会显著表现在TFP上。

从制度角度，费尔普斯认为，这种经济不景气与创新有着密切的关系。随着利益相关者思潮的兴起，任何打算创办创新企业的人都必须注意，企业的财产权利需要被各种势力稀释，包括员工、利益集团、律师及社区代表

① 杨洋．全要素生产率（TFP）的国际比较研究．中国科学技术发展战略研究院专题研究报告，2017年。

等，这些人坚信他们对企业的生产成果拥有合法的“权益”。例如，“金色降落伞”现象，即一些公司给高级管理层提供解雇时需要支付的高额赔偿金，这也是稀释的表现。

针对上述问题，政治家们没有选择增税来为庞大的福利支出准备资金，反而通过减税讨好选民，这在财政上是极端不负责的行为（费尔普斯，2013）。2011 年 3 月，索尼公司负责人霍华德·斯金格在接受采访时说：照顾顾客和船员当然是对的，但必须有人挽救轮船！在美国，几乎所有的创新都来自老牌企业和老牌产业之外的新兴企业和天使投资人。这种急功近利减少了创新的供给——创新所需要的创新精神、风险资本和敢于冒险的终端客户都在萎缩。在公共部门，社团主义思潮已从欧洲蔓延到美国，并转化为委托关系、裙带关系和共同堕落——贪污受贿只是最轻微的表现（费尔普斯，2013）。

任何关于创新和创新政策的讨论，如果没有经济学家的参与都是不完整的。与今天其他任何思想流派相比，至少在美国和大多数西欧国家，传统的经济学家是创新政策最主要的反对力量。从根本上说，新古典经济学家既不理解也不会懂得创新的意义（阿特金森和伊泽尔，2014）。经济学经典理论中，对科学技术关注的内容确实很少。因为在历史上这些理论体系构建的过程中，科学技术发挥的作用并没有现在这么突出。

既然要走创新驱动发展的路径，就要理解和用好创新的规律，尽管有些做法在其他情景下是有合理性的，不符合创新的做法就必然要更新或排除。这在哪个国家都不例外。上述类似问题在中国也以不同的表现形式存在，中国面向创新驱动的体制机制改革正是要解决这些问题。

改革的需要会体现在科研机构、大学、企业的管理中。一些制度虽然是针对机构，但实际上最终将通过人起作用。例如，对机构的评价以及机构内部的评价①，实际上是各种指标的分摊过程，而对经济增长有直接意义的技术要素的扩散，特别是隐性知识的扩散，很多时候是无法用简单的指标来体现的，这就导致这些机构中的人员唯指标化。虽然每个人的具体目标都很明确，但整个机构的定位却难以衡量。

有人会说，这种评价是国际惯例，在实际应用中有着很强的激励作用。本书同意这种观点，但在中国发展的这个阶段，这些机构需要通过加强知识与外界特别是企业界的对接，来明确自身的方向，而不是围绕个人和研究团队进行“小循环”的研发活动。如果“小循环”的研发活动无法和本地区、本领域的活动发生“共振”，那么对这种“小循环”的研发活动进行公共财政支持的意义就大打折扣。这样表述，并不是要突出集体主义，将集体置于个人之上，正相反，只有使个人权益得到保障，合理合法地使个人利益实现最大化，才有利于创新。

第二节　创新的多样性

创新的多样性是未来中国国家创新体系要关注的方向，或者说，是从理

① 纽约科学院院长罗德尼·尼科尔斯（Rodney Nichols）在该院院刊 *The Sciences*2001 年第 3 期发表题为 *The Three Perfections* 的社论，他说：什么道路能导致国家科研体系的完善？第一，学术价值规则（the rule of merit），要按世界最佳水平来比较评判；第二，相关性规则（the rule of relevance），科研项目必须与国家需求相匹配；第三，连续性规则，只要科研项目的学术价值和相关性较高，就要用耐心来指导科研投资（摘自武夷山于 2009 年 4 月 29 日发表于科学网的文章《科研体系走向完善的三条路径》）。从上述来看，这三个标准在中国的科研体系中均有改善，但也有一些新问题。学术价值规则在科学领域体现较好，但技术领域的价值导向就不那么明确，往往还是按照科学研究的导向来评价；相关性规则在宏观资源配置上容易执行，但在微观操作方面还面临很多体制机制的问题；连续性规则则体现得相对不好，缺乏稳定支持、科研风气浮躁等问题受到了很多指责，但一些内在的矛盾又使破解这些问题困难重重。因此，对于连续性的问题，在技术研发方面要通过产学研合作机制来考虑，只有纯粹的基础研究问题才更多需要政府的稳定支持。

论上希望创新体系能够演化的方向。

多样性的观点来自生态学。生态学理论认为，在生态系统中，多样性决定稳定性。例如，热带雨林生物多样性丰富，食物链、食物网各环节之间存在很多可替代的路径，因此一旦有环境变化或外来物种入侵造成原食物链、食物网环节断开，就很容易就有其他的联结机制来替代。因此，热带雨林生态系统的稳定性要远远高于多样性较低的高山草甸生态系统。中国未来的发展，保持较高的创新类型多样性非常重要。

保持这种多样性，一方面需要处理好中央政府和地方政府的关系，中央政府在科技领域的功能体现在建设好战略科技力量，设计好基本制度，避免干扰地方政府的自主性，这样才能保持好创新生态。另一方面，要把握好长波周期（康德拉季耶夫周期）正处于下行周期的机遇，也就是信息通信技术向其他产业部门扩散应用的机遇。中国有着完整的工业体系，只要能够实现信息技术和实体经济的融合，经济自然就会增长。

有了多样性才能实现更有效的开放。中国的科技创新得益于开放。事实上，随着国际交流日益密切，国家间科技、产业合作日趋频繁，创新体系早已超越了地域概念。中国已有相当数量的企业在海外建立研发机构，但很多人对创新体系的理解还停留在本国范围。对此，需要把中国企业的海外研发机构统一纳入关注范围，以更加国际化的视野推进中国的国家创新体系建设。也要通过政策工具的有效利用，促进国内外企业共同享受创新政策的红利，实现共赢的局面。

同时，参与科学技术的国际组织、机构也是中国未来发展要关注的主题。回顾300多年来科学技术发展建制化的过程，首先是多种类型学会的建立发展；然后是以国家为主体的科学技术系统的形成，以及相关的社会化进程（高洁和袁江洋，2015）；最后，在第二次世界大战之后，这种建制化又呈现出新的形态，即跨越国家的组织或实体的组建。这种参与，是一种更高水平的开放，不仅仅是双边或多边的合作，更是面向全球发展的格局拓展。

多样性也是包容的前提。随着科研众筹、众包等新趋势，大众创业、万众创新的政策导向，中国的创新政策应该更加包容。面向未来的政策，需要多关注草根创新、弱势群体参与的创新、小微企业创新，也要使不同类型的新技术、新产品、新科学知识能够辐射到广大农村地区、偏远地区及那些弱势群体、草根群体、边缘群体，让创新惠及每个人（图 22-1）。

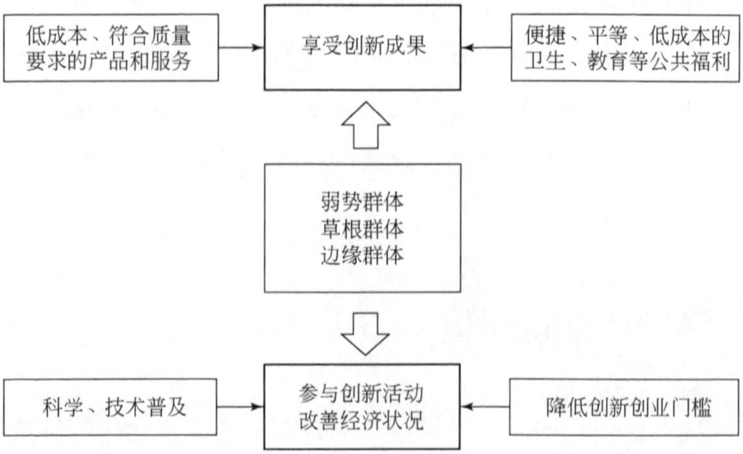

图 22-1　中国包容性创新的内涵示意（中国科学技术发展战略研究院课题组编著，2015）

第三节　要素的流动

要素流动是多样性的基础条件。科学技术要素流动，体现在中国的内部，也体现在中国的国际化方面。从中国内部来看，这种渗透是从发达地区向欠发达地区的渗透。例如，城市向乡村的渗透，东部沿海地区向中西部地区的渗透。目前，这个渗透的过程还相对缓慢，原因如下：①发展阶段，很多地区还是粗放式的发展，没有演化到主要依靠科技要素的阶段；②利润，在农村投资，集约程度不高，很难有比较高的利润率，企业不愿意投资，政府也没有那么大的财力去投资；③承接能力，就像承接产业转移一样，对技术的承接需要较高的教育水平，当然也包括职业教育，而中国的农村地区恰恰是这些资源最为稀缺的地区，受到良好教育的人都集中在大城市。

从政府治理的角度，促进要素流动，要关注创新系统内部各板块间的协调。促进国家创新体系内部各大板块如科技和教育、民用科技和国防科技、中央和地方、各类政府部门之间的协调、打破利益固化，一直是科技创新制度的重点和难点。中央财政科技计划自改革以来，实现了部门间科技资源的宏观协调，在政策设计方面更加侧重信息基础、过程监督等方面。中央和地方在科技管理事权上也明确了方向，中央政府职能侧重全局性、基础性、长远性工作，地方政府职能侧重推动技术开发和转化应用，这也需要相应的制度调整。未来几年，军民科技融合政策的设计，特别是已有政策在国防科技领域的适用性需要重点关注。

第四节　科技创新治理的几个问题

政府在发挥作用的同时，同样重要的是，要形成多元化的科技创新治理体系。没有哪个国家的政府能够从零开始创造一整套制度和价值观，以产生自主创新所需要的经济活力。在很多方面，制度和文化是通过企业家、金融家和用户的试错演化而来的。然而政府在历史上会不时地积极参与制度和价值观的建设，并且知识的不完备，可能造成不完美的干预结果。因此，如果想恢复活力，需要政府在启动新干预措施的同时废除某些旧做法，这并不意味着政府干预范围的扩大（费尔普斯，2013）。

科技创新治理体系的基本功能，就是能够根据创新活动特点合理调动各方面参与科技创新的积极性，多元主体共同参与、主动协商和集体行动。治理体系包括治理结构和治理机制两方面，治理结构需要改变自上而下的决策模式，提升企业、社会组织等在公共治理中的参与度，能够围绕不同公共目标，凝聚共识，一致行动。治理机制又分为正式制度和非正式制度，正式制度体现为一整套相互匹配、相互支撑、各有侧重的法律法规和政策措施。例如，技术入股、技术股权期权等问题可能在公司法、证券法等相关法律框架下解决；围绕生物伦理、核技术、信息安全等所带来的社会风险，也需要通过法律进行规范和调整。非正式制度是人们在长期社会交往过程中逐步形成，并得到社会认可的约定俗成、共同恪守的行为准则。例如，科学共同体内部的学术道德、科学文化等。围绕科技创新治理，有几类新的问题。

问题一：如何适应政策对象范围的新变化？

科技创新不仅要提高效率，也要促进公平。世界银行《2016 年世界发展报告：数字红利》公布的数据显示，中国居民收入的基尼系数由改革开放前的0.16 上升到2013 年的0.47。在报告列出的127 个国家中，基尼系数低于中国的国家有94 个，高于中国的国家只有29 个，后者中27 个是拉丁美洲和非洲的国家，另外2 个是亚洲的马来西亚和菲律宾（吴敬琏等，2013）。

根据中国国家统计局的统计，2017 年中国的基尼系数为0.467。近年来，包容性创新、草根创新成为国际上一项重要的政策理论议题，这些议题关注创新对低收入群体福利的提高，以及草根群体参与科技创新活动。科技创新政策以往支持的对象，主要是企业、科研机构等法人主体，但未来创新创业的自然人将越来越多地成为科技创新政策支持的对象。这种变化，要求科技管理部门在公共服务和产品的类型、规模、供给方式、可获得性等方面进行对应调整。

问题二：如何提高技术体系的应用能力，促进技术体系的演化？

只有企业才能把各类技术最有效率地集成起来形成竞争优势。不同规模的企业会根据市场需求集成不同水平、不同类型的技术，这些技术并无高低贵贱之分。

因此，政府需要不断改进科学技术基础条件。除了公共研发投入外，面向科学实验的重大设施变得越来越重要。从重大科学突破看，2017 年获诺贝尔物理学奖的“引力波”的观测，2015 年获诺贝尔奖的中微子振荡的发现，2013 年获诺奖的希格斯玻色子的发现等成就，都是基于激光干涉引力波天文台、日本超级神冈探测器、加拿大萨德伯里微中子观测站、欧洲核子研究中心大型强子对撞机的应用。

政府也需要建立分级的关键技术清单，对涉及国家重大战略需求、依靠市场机制无法解决的少数技术，采取新建机构、新设专项的方式解决；其他关键技术研发原则上应依托现有科技计划和科研基地，通过对接企业、开放共享等方式参与解决，政府部门需主动掌握技术竞争信息，但不宜参与过多，更不应主导。

在此基础上，政府要采取新的研发组织模式。例如，针对企业提出技术研发需求，首先政府部门联合行业协会遴选凝练，然后资助公共科研机构开展研究或转化已有成果，最后行业协会组织企业对项目进行评价验收。同时，加强公共科技创新资源的开放和供给，提供多元化的公共产品，降低企业创新的成本，减小企业创新的风险，特别是量大面广的中小企业。

问题三：如何发挥对经济转型的投资引导作用？

科技投入要对经济发展发挥引导作用，这在政策上体现为两个方面：①对产业投资的引导，即通过科技创新政策给予积极的市场信号，并按照创新链条衔接各类政策，使市场进入便利化，引导社会资本进入新兴产业领域。制定吸引外商投资的产业目录时，也需要加强科技要素的考虑权重。②研发支出本身对投资统计的贡献。这需要对研发活动测度范围、机制方面进行研究设计，完善国民经济核算体系，将反映创新活动的研发支出纳入投资统计，以反映无形资产对经济的贡献。

问题四：如何在全球化波动背景下，调整科技创新治理？

科学技术要素的流动不是以国家为边界的。从全球分工视角看，科学技术要素未来也需要更加国际化。从技术创新的角度说中国经济有前景，是因为科学技术要素在中国的渗透只到了一级、二级等管道，大量的“毛细血管”还没有渗透，这也是四化同步①的科技背景。只要破除壁垒，使科学技术要素

① 四化同步指坚持走中国特色新型工业化、信息化、城镇化、农业现代化道路，推动信息化和工业化深度融合、工业化和城镇化良性互动、城镇化和农业现代化相互协调，促进工业化、信息化、城镇化、农业现代化同步发展。

能够自由流动，渗透到这些毛细孔中，就会改变生产函数，促进经济的发展。

在第三部分中，本书讨论了不同类型创新的协同演化。这是促进全球技术进步、经济发展的重要动力来源。中国走创新驱动发展道路，就要继续促进符合国情的不同类型创新活动的协同演化，努力增加各种技术要素在生产活动中的比例。这种协同演化也将充分发挥创新需求多样性的优势，使世界各国的新技术、新产品、新业态、新模式能在中国市场中找到最适合的“土壤”，共同提高全球创新资源的配置效率，为破解全球经济增长乏力难题、实现联动增长、走向共同繁荣发挥应有的作用。

在当前世界经济增长动力不足、经济全球化出现波折的情况下，中国的科技创新治理需要具备更强的国际意识。一方面，科技创新在整个外交中的作用也更加重要，既要符合世界贸易组织等国际组织的规则，也要积极主动开展国际政策协调，促进中国企业、科研机构高起点参与全球中高端创新分工。另一方面，要为对外开放注入新内涵，带动资本和产能更加深度、便利地融入国际市场。例如，围绕“一带一路”建设等重大布局，加强共建研发平台、共建科技园区等方面的政策引导，发挥科技合作对当地产业体系建设的带动作用。再如，面向重点国家和重点区域，制定有针对性的国际科技创新合作政策。

此外，还有一些与要素积累、流动有关的技术性问题，至关重要但容易被忽视。例如，如何确保知识的有效保存。纸质文件可以保存 100 多年，电子媒介更新的速度更快，很多电子档案随着设备的更新已经很难读取，如现在 5 寸软盘已经很少有电脑可以读取了。没有知识的积累，科技创新就无法持续，特别是对于那些隐性知识，如中医知识和技能，散落民间的各种偏方、秘方、生产知识等。

第五节　区域性的创新生态

创新生态曾在第六章中讨论，是近年创新政策领域逐渐兴起的概念，与创新系统概念接近又有区别。两者都强调不同创新主体间的关联互动、强调科技创新资源的开放流动。

但是两者解决的问题不同，如果政府干预科技活动是解决市场失灵问题，关注创新系统是解决系统失灵问题，那么创新生态则是要解决政府失灵的问题。也就是说，政府在履行公共职能过程中，一些公共领域可能出现政府关注不足或资源配置效率不高的情况，需要通过市场、产业、社会等方面的调节方式形成有利于创新的公共环境，以填补政府未能发挥作用的领域。这对创新型城市、园区等一定空间范围内的政策设计、衔接提出了新命题。

良好的创新生态有利于技术演进，可以激发创新活力、提高创新资源配置效率，使技术更好地实现其经济和社会价值，并反馈到基础研究等创新链前端，从而形成良性循环。这就意味着需要强化知识产权创造、保护、运用，深化科技成果权益管理改革，完善科技成果转化激励评价制度，强化知识产权等方面的法治保障；营造公平、开放、透明的市场环境，建立符合国际规则的政府采购制度，扩大创新产品和服务的市场空间。特别需要加速产品进入和技术迭代，保持技术路径演化不停滞。

企业是创新生态中最重要的主体，政府在营造创新生态时，要根据企业的发展阶段不断调整创新政策设计的理念。在过去，中国企业缺乏研发能力和意愿，主要依靠技术引进等后来者的创新方式，但未来中国企业将更加倚重以研发为基础的创新。据《中国科技统计年鉴 2017》，中国有研发活动的企业占规模以上企业的比例已从 2000 年的 10.6% 上升到 2016 年的 23.0%。随着中国企业创新能力的整体提升，进一步提高技术工艺水平只能通过自身研发积累，基于研发的技术创新将会逐渐成为中国企业创新发展的主要方式。

但是，基于研发的技术创新相对投入更高、周期更长，特别是风险更大、经济外部性更高，企业独自承担的压力也更大。因此，支持企业开展基于研发的技术创新，并通过政府的公共服务分担企业研发风险，是中国今后创新政策的一个重点任务。面向企业创新的政策，最终是为降低企业创新的成本和风险，提高企业创新效率。

根据企业创新主体多样化、创新活动复杂化的趋势，政策设计理念也需要调整。政策功能要从“资金型”调整到“服务型”，这包括狭义的为创新活动提供的可产品化的具体服务，如基础研究投入、科技资源共享、公共研发平台等；也包括广义的政策供给、创新环境营造等。政策导向要从“优惠减免”转向“内生动力”，要通过环境、质量、要素成本、反垄断等倒逼机制，促使企业把牟利动机转化为创新动机。政策着力点要从创新链“前端”拓展到“后端”，引导企业集成技术、资本、人力等资源，通过公平的市场竞争环境实现价值。政策组合要从“价值链竞争”转向“生态圈竞争”，适应商业模式、平台型企业组织模式等模式的变化。政策对象要从“选择型”转向“普惠型”，根据研发行为而不是简单根据企业类型给予政策优惠，更多地采取完善市场机制、补充市场不足的功能型政策。要减少产业政策，增加竞争政策。企业类型要从“均等”转向“分类”，根据企业规模、领域的特点分类加强公共创新服务，提供多元化的公共产品。

创新生态的应用范围，主要针对创新集群。在创新集群中，良好的创新生态有助于降低创新成本。科技创新活动的成本分为狭义成本和广义成本，前者针对具体科研活动，包括科学仪器设备使用、检验检测费用、科研资料和数据购置费用，以及围绕学术交流而产生的交通、会议、评审等费用，后者包括科技人员的工资、地租、产品销售等费用。互联网、物联网等技术极大提高了生产效率，进而使经济活动的边际成本接近零，甚至有观点提出“零成本”模式，这与“分享经济”“零成本社会”等概念密切相关。在科技创新领域，众创、众筹、众包方式增加了创新的自组织性，也改变着科技创新的成本。在一些高科技园区、示范区等科学技术资源密集的区域，能否通过政策组合形成“零成本”创新也值得探讨。

第二十三章　理论呼唤

目前，人们对中国的创新活动，仍存在着一些片面、教条、模糊的认识，有的是因为缺乏辩证的分析，有的是没有将科技创新规律和中国实践结合起来，造成理论跟不上中国的创新实践，更无法充分解释中国的创新实践。例如，对十大产业振兴和战略性新兴产业的认识。曾有人在2017年认为既然要去产能、去库存，为什么当年（2009年前后）政府要进行产业振兴？这种观点就是静止、孤立地看待问题，忽视了当时全球金融危机背景下经济下行风险带来的巨大压力。

又如，对科技类社会组织的认识。从国外的经验来看，社会组织这一“第三方”力量，确实有利于科技创新的发展，实现了政府、市场基础上的多元化。因此，一些学者就直接呼吁在中国也要促进行业学会、协会的独立发展。但是，从当前信息通信技术向其他领域扩散的趋势来看，这种独立发展，不能简单地导向为与政府脱离隶属关系，实现行业内的自组织，而是实现跨行业、跨领域的组织。否则，这种条件下发育出来的社会组织，不仅不利于科学技术要素的流动，反而更容易使传统力量集成在一起，去限制和反对新技术的应用，这样的案例在互联网约车、新能源、电动汽车等领域比比皆是。

再如，对科研项目经费管理的调整。一个专家参加各种咨询、评审时，一个工作日可获得的专家费约800元，一般的项目评审往往找不到一流的专家，即使是二流的专家，也不一定有积极性，只能找三流专家来凑数，甚至是走过场，这使评审失去了价值。看似是节省了专家费，实则是浪费了专家费。对此，2017年经费管理进行了改革，提高了专家费的标准。

促进以科学技术为基础的创新，既要立足发展阶段，也要按规律办事。文学批评家金圣叹（1608～1661）曾写过一个对联：真读书人天下少，不如意事古今多。原意是真正从学理上读懂书，是不容易的事，也是少数人能做到的事。从科学技术的角度，纯粹的基础研究、理论探索也有类似的情况。中国作为发展中国家，无论是财政投入，还是社会各界的投入，实际上还不能支撑起很多前沿的基础研究活动。而且科技投入的回报跟不上，反而会对基础研究造成不利的影响。即使是欧盟这样的发达经济体，也曾出现过欧洲悖论，即1985～2000年，欧盟在基础科学方面取得了可喜的成绩，但是在技术领域及工业化应用方面，尤其是在电子、信息化、生物等高技术产业领域均落后于美国和日本。

中国作为后发国家，在全球创新效率下降、新一轮科技革命和产业变革尚无明显迹象的情况下，仍需要将科技创新的重点放在科学技术的吸收、扩散、应用等方面。只有涉及国家战略利益、有条件、有积累的基础研究领域，才适合通过财政渠道大幅度加强投入，这是从科技发展趋势和中国国情出发的理性选择。不宜将加强基础研究的概念泛化，对各级财政科技投入造成夸大性的引导，否则不仅难以形成重大基础理论的突破（即使形成重大基础理论的突破也需要付出超常规的研发成本），还可能会影响整体创新效率。

在经济高速发展的情况下，由于经济活动的带动，不同科技创新规律的界限往往被忽略了。但面向未来，按科研规律进行治理，对科技创新变得愈加重要。还是以科研院所为例，因为这个概念背后有着非常复杂的法人属性选择、制度环境和治理方式。就科研院所的基本定位而言，有的科研院所从事基础研究，有的科研院所从事应用基础研究，还有的科研院所更加接近市场一些，从事面向产品的应用技术开发。从规律上讲，一个科研院所可能面对三种活动，即科学发现、技术发明、创新的规律。如果只面临一种规律，科研院所中的人就会明白自己的使命、产出是什么，管理层也可以制定相应的考核激励制度，形成良性循环后，科研院所就可以相对稳定地进行发展。

但是如果出现另一种情景，科研院所同时面对两种、三种规律，科研院所中的人就容易感到无所适从，很难将个人的价值判断与所在机构的价值判断进行同步。这当然不利于积极性的发挥，也不利于提高机构内部的资源配置效率。很多科研院所面临着类似的情况，无论它的身份是事业单位还是社会组织，无论它是独立的科研院所还是大学内设科研机构。

所以说，改革的逻辑起点在哪里？就科研院所而言，还是要回到为什么需要科研院所，需要它做什么，这样才能明确它的使命。有了明确的使命，才好进一步确定遴选方式、竞争机制；才好根据科研院所履行使命所需要的基本资源、法律法规环境，为它注册一个合适的身份（法人属性）；之后，才会涉及一些具体的治理问题。而现实中，这些机构的使命往往是多元化的、模糊的，甚至是随意的，这种状况看起来很灵活，但实际上是配置错位、体制机制僵化的根源之一。

按规律办事，就需要加深思想、理论上的认识。那么，什么是思想，从字形上看，都要用心作为基础，“思”上面是“田”，强调基本逻辑，“想”上面是“相”，强调相互作用。因此，思想可以理解为建立某种基本逻辑，并以此为框架把各种相关的内容联系起来，这些内容可以是其他的理论、知识或者案例。在日常生活中，总是有一些司空见惯的词汇和说法，人们很少去思考它背后的意义，因而也不会觉得有什么探讨的价值。但人们一旦认真对待这些词，就会发现，恰恰是这些看上去最平常的词，才有着巨大的力量。

理论又是什么？理论一般指人们关于事物知识的理解和论述，是一个用概念组织起来的信息体系。“理”强调基本观点、道路或规律，“论”则是围绕这些观点的相关支持性论据、论证过程。“理论”和“思想”的概念有几分神似。理论更强调思想的体系化、系统化。思想要走在前面，改革开放以来的各方面经验总结中，很多都把“解放思想”放在第一条，这在逻辑上有必然性。

为什么要不断进行理论学习？为什么要加强理论的总结？因为，人们在处理问题的时候，第一是依靠本能，第二是依靠经验。而如果经验不起作用了，就要依靠逻辑。有了逻辑便有了理论。

尽管对中国科技创新的研究已形成了大量的成果，但也存在一些被忽视的问题。这些问题包括：①过分强调技术创新、研发创新和高新技术产业，忽视了服务创新、金融创新、商业模式创新、低技术创新或其他类型的创新；②在创新产出方面，过分强调专利量和新产品等可量化、可视化的创新绩效，忽视了创新的负面影响。这种对可量化和可视化的创新产出的“迷思”，可能正是导致创新实践中只注重创新数量而不考虑创新质量和新颖性的现状的根源（陈劲和吕文晶，2018）。

深层次的问题在于，中国的科技创新研究，尚没有多少基于自身的知识体系来解释自己，往往是努力借用外在的特别是欧美国家的知识体系来认识自己，解释自己。没有知识体系的一个严重结果就是中国没有自己的国际话语权。借用他人的话语权来向他人推广自己，这是中国知识界面临的困境之一（吴敬琏等，2013）。从创新理论发展的历史来看，大多数理论往往基于发达国家的经验，如创新系统理论是基于日本第二次世界大战后经济腾飞的实践，三螺旋创新理论是基于美国波士顿地区的实践经验。改革开放以来，中国的创新活动具有鲜明的中国特色，随着创新驱动发展战略的实施，将激发出更旺盛的活力。因此，完全有必要、有条件不断探索总结基于中国创新活动的规律，为新的实践提供借鉴参考。

对同一类现象，不同理论之间难免会发生激烈的冲突。例如，在技术演化、市场平衡（而非公平或效率）、普遍就业之间存在着一定的竞争关系。技术进步使得强者更强，市场、资本等优势已使“超级企业”的出现变得常见。如果任由“超级企业”加速成长，并加速形成垄断，将会对大量的其他企业造成致命的冲击，更不要说那些中小微企业、个人创业。这种现象显然是不符合市场充分竞争的理论诉求的，也是决策者不希望看到的，但是，对此又如何干预，干预到什么程度？

以人工智能为例，人工智能的发展不仅影响着生产率和经济增长，也势必对劳动力就业、社会平等造成难以预计的影响。技术性失业并不是个新问题，这从 18 世纪工业化开始就一直在发生；它也不是个坏问题，技术进步也创造了大量新的就业机会。但此次的人工智能却有很多新特点，体现在其变革的速度、规模和深度上，将对劳动力的替代达到一个过去无法比拟的程度（曹静和周亚林，2018）。人工智能将带来就业极化现象（即对中间技能人员的替代最为严重），使劳动者技能“半衰期”不断缩短，使大量劳动力变得多余，进而会带来分配问题和不平等问题。

更何况，很多与创新有关的理论问题在全球范围内还尚未有答案，如本书多次用到了“演化”这个概念，特别是创新体系的演化。从经济学角度，创新的理论基础是演化经济学，认为经济的演化过程包含着持续的或周期性出现的事务，并由此产生技术及其相关制度的多样性。但是从实践来看，对创新议题的思考，往往采用的是还原论的方法，即对议题的分解和逐步解决。演化和还原论有着一些难以解释的冲突，演化经济学是反还原论的。

还原论是对世界最自然的理解方式，即如果了解整体的各个部分，以及把各个部分整合起来的机制，就能理解整体。从笛卡儿、牛顿等现代科学奠基者的时代直到 20 世纪初，科学的主要目标都是用基础物理学来对一切现象进行还原论方式的解释。19 世纪末，许多科学家都赞同物理学家迈克尔逊在 1894 年一次讲话中对未来物理学的展望：大部分大的基本原理似乎已经被明确建立起来了，今后的进展主要是将这些原理严格应用到值得我们注意的一些现象中去。

但现实却是另一种景象。还原论的计划在许多现象面前都止步不前：天气和气候无法还原的不可预测性；生物及威胁它们的疾病的复杂性和适应性；社会的经济、政治和文化行为；现代技术与通信网络的发展和影响；智能的本质及用计算机实现智能的可能前景。对复杂行为如何从简单个体的大规模组合中出现进行解释时，混沌理论、系统生物学、进化经济学和网络理论等新学科胜过了还原论，反还原论者的口号——整体大于部分之和，也随之变得越来越有影响力（米歇尔，2018）。在中国，钱学森的系统论思想，也是对还原论在一些重要问题上无能为力的现状的反思。

还原论者喜欢线性，而非线性则是还原论者的梦魇。创新体系这种非线性的复杂系统在不同层次上表现出的特征，并不能完全地被归约到另一个层次。解释一些创新现象，不仅要面向创新活动本身，也要期待复杂系统研究可能提供的新思路、新方法。针对政策实践层面，这样的理论挑战有更多，如表 23-1 所示。

表 23-1　创新研究领域的 15 个挑战

序号	挑战
1	从可见的创新到“暗创新”
2	从“男孩的玩具”到平凡但有效的创新
3	从国家和区域创新系统到全球创新系统
4	从提高经济生产率的创新到“绿色创新”
5	从以经济增长为目标的创新到以可持续发展为目标的创新
6	从有风险的创新到负责任的创新
7	从以财富创造为目标的创新到以幸福为目标的创新（从“越多越好”到“适可而止”）
8	从“赢者通吃”到“人人公平”
9	从政府作为市场失灵的调停者到企业型政府
10	从基于信仰的政策到基于证据的政策？
11	刺破学术泡沫
12	避免学科僵化
13	识别当前经济危机的成因
14	帮助产生一个新的经济学范式
15	保持研究诚信、道德和共治

资料来源：法格博格等，2018

2017 年 10 月，习近平在党的十九大报告《决胜全面建成小康社会 夺取新时代中国特色社会主义伟大胜利》中指出，实践没有止境，理论创新也没有止境。世界每时每刻都在发生变化，中国也每时每刻都在发生变化，我们必须在理论上跟上时代，不断认识规律，不断推进理论创新、实践创新、制度创新、文化创新及其他各方面创新。当前，创新已经成为中国新发展理念之首，围绕科技创新与中国实践的理论思考，也必然成为时代的呼唤。

尾　　声

回头再看开篇，那个200多年来令西方知识分子争论不休的历史性问题——为何西方主宰这个世界？和那个令中国人时常牵挂的难题——为什么科学和工业革命没有在近代的中国发生？由于内在的相关性，这两个问题在一定程度上可以合二为一来思考。可以发现，人们以不同的视角、不同的方法来观察，就会有不同的答案。

从自然历史的角度，人们对万事万物的观察变得更加细致，观察手段更加丰富，世界上很多国家和地区在这方面都形成了自己的博物学体系。但在处理人与自然的关系时，中国和西方国家采取了不同的方式。在西方，理性科学催生了科学精神，为了证实对自然规律的认识，实验科学也产生了。在古代中国，“天人合一”思想孕育了中庸的儒家文化，在稳固了社会体系的同时，也约束了人和自然间的互动。

从科学历史的角度，虽然古希腊、古罗马、中国、古印度、阿拉伯帝国等都有着灿烂的科学成就，但“现代科学”在意大利、英国、德国等西方国家产生了。很多情况下，这种分野被认为是回答“主宰”问题的逻辑起点或主要原因之一。“现代科学”条件下形成的一系列基本研究范式，逐步扩散到世界各地并仍发挥着作用，包括中国在内的经济发展上的后发国家都受益于此。这些后发国家随着自身研发能力的改善，也会创造出新的科学知识、科学方法，并影响着新的科学研究范式。

从经济历史的角度，虽然人们喜欢将技术和科学自然地联系在一起，但与科学不同，新的技术天生蕴含着丰富的经济属性。从这个意义上讲，科学与技术间的距离，甚至可能大于技术和经济间的距离。在利用技术实现发展特别是经济发展这方面，西方国家走在了其他国家的前面，从经济规模、经济结构、经济比例等方面，几百年来引领着全球经济发展。经济发展好了，就有了发展各方面的基础条件。在西方国家的辉煌下，其他国家在过去的二百年变得暗淡了。

从社会历史的角度，因技术进步而造成的制度变迁更为复杂。制度，而非技术，被很多人认为是造成“主宰”现象的更深层次的原因，由此引发了各国在制度设计上的效仿，也衍生出“后发劣势”等说法。中国这样的发展中国家，围绕科学、技术和创新，不仅学习借鉴着世界各国的经验，也结合自身情况，创新性地采取了新的制度设计，增加了人们在发展路径上的选择。因此，从这个角度谈论“主宰”现象并无多少现实意义，如果非要谈的话，只有跟得上科学技术发展且能够有效发挥促进、约束功能的制度，才将成为决定性制度。

从国际竞争的角度，科学技术是最底层、最有力的竞争工具。无论是否愿意，每个国家和地区都将不可避免地被卷入由科学技术引发的巨浪之中，被裹挟前行。从这个意义上看，无论西方国家还是东方国家，无论发达国家还是发展中国家，尽管表现形式、关注重点和执行路径不同，但都将不得不更加关注科学技术的投入、产出，根据自身的情况采取合理的制度设计。竞争带来的冲突在所难免，广泛的合作也一样在所难免。

从人类文明的角度，如果将人类视为一个整体，人类面前总会是无尽的未知，具体是谁“主宰”“主导”或“引领”似乎就变得没有那么重要。重要的是，人类对科学技术的应用，在创造财富、增加福利、破解难题、实现可持续发展时，能够尽可能地超越民族、种族、意识形态、发展阶段等原因造成的人们之间的偏见和不公。

剔除一些外在的因素，从当前现实的角度来看，中国对自身的认识也需要反思。要知道中国真正成体系的、踏踏实实的科学技术发展，只有过去区区几十年的时间。中国的科学技术在短时间内实现了飞跃，与欧美国家数百年的积累相比，有差距是正常的。过于自责，无异于揠苗助长。只是有时候，国际竞争压力和外在的扰动，再加上那些刻骨铭心、无法释怀的经历，会刺激加大这种浮躁，让人们忽视规律而更容易产生不切实际、超出自己发展阶段的期望。

仍要分类地看待发展的差异，从科学、技术和创新三个角度来观察发展的差异。中国现在提出了建设世界科技强国的目标，从创新角度来看，中国已经是强国。否则，怎么解释中国这些年对世界经济增长的贡献率达到了30%？从技术角度来看，中国好似一个生龙活虎、蓬勃成长、处于舞象之年的少年，假以时日，力量和速度充分发育起来了，中国将会对世界产业格局造成巨大的影响。这正是一些国家所担心而妄测的，也是中国在发展过程中应该避免的，多赢而非零和，才符合各国共同的利益。从科学角度来看，中国还差得比较远，毕竟在科学方面，中国还是懵懂的少年。

科学技术是第一生产力。在各种生产力中，科学技术应该是最有决定力的那一类，自然也是最难的那一类。科学技术如果轻轻松松就能掌握，那一定算不上是核心的竞争力。当一个少年和一个成年比较，用不了多少年，少年的体力、耐力就会追上成年。这就像大规模产能投资、基础设施建设对中国经济快速增长所起到的作用一样。但是，只有慢慢积攒了很多社会阅历、沉淀了很多智慧之后，少年的心智才能达到成年人的水平。从这个意义上讲，中国只要保持谦虚开放的心态，积极与人合作，踏实积累，勤于思考，就完全有可能实现目标，并成为全球经济复苏和可持续发展的生力军。

评述者易立言，建设者难为功。真正了不起的是那些实践的人。中国距离进入创新型国家行列的目标只有一步之遥。行百里者半九十，这一步之遥，对个人只意味着经历匆匆数年，但对中国却意味着历史性的蜕变。针对目标的艰巨性、复杂性，人们从思想、心理、制度等方面仍需要主动调整、持续适应，这反而是一个相对长期的过程。

参考文献

阿瑟 . 2014. 技术的本质：技术是什么，它是如何进化的［M］. 曹东溟，王健，译 . 杭州：浙江人民出版社 .

阿特金斯 . 2018. 伽利略的手指［M］. 许耀刚，刘政，陈竹，译 . 长沙：湖南科学技术出版社 .

阿特金森，伊泽尔 . 2014. 创新经济学：全球竞争优势［M］. 王瑞军，等译 . 北京：科学技术文献出版社 .

安树伟 . 2018. 改革开放 40 年以来我国区域经济发展演变与格局重塑［J］. 人文杂志，266（6）：6-15.

本刊专题报道 . 2014. 我国科技管理体制改革在科技管理和院所管理方面不断完善［J］. 科技促进发展，（3）：62-67.

本特利，齐格勒，斯特里兹 . 2009. 简明新全球史［M］. 魏凤莲，译 . 北京：北京大学出版社 .

布莱兹尼茨，默夫里 . 2014. 红皇后的奔跑：政府、创新、全球化和中国经济增长［M］. 柳卸林，陈健，吴晟，等译 . 北京：经济管理出版社 .

蔡昉 . 2009. 中国人口与劳动报告 No. 10：提升人力资本的教育改革［M］. 北京：社会科学文献出版社 .

曹静，周亚林 . 2018. 人工智能对经济的影响研究进展［J］. 经济学动态，（1）：103-115.

曹普 . 2014. 改革开放史研究中的若干重大问题［M］. 福州：福建人民出版社 .

陈劲，等 . 2013. 科学、技术与创新政策［M］. 北京：科学出版社 .

陈劲，吕文晶 . 2018. 创新研究：学科演变与中国贡献［J］. 技术经济，37（5）：1-13.

陈特安，吴迎春，吴绮敏 . 2000-12-25. 增长强劲创新发展——2000 年世界经济形势述评［N］. 人民日报，（7）.

陈晓东 . 2003. 我国技术产权交易之区域性特征研究［J］. 科技进步与对策，（1）：32-34.

陈永志 . 2003. 正确处理发展技术密集型产业与劳动密集型产业的关系［J］. 河南社会科学，11（2）：15-17.

程鸿勤 . 2001.《中关村科技园区条例》刍议［J］. 北京市政法管理干部学院学报，（4）：54-57.

程如烟．重视科学政策学的研究应用［N/OL］．自然资源部网站，http：//www.mnr.gov.cn/zt/wh/wskt/glkx/glkx/201205/t20120531_2042444.html［2020-04-08］．

崔禄春．2002．建国以来中国共产党科技政策研究［M］．北京：华夏出版社．

崔木杨．我国双休日制度源于学者出国考察［N/OL］．劳动报网站，http：//gov.eastday.com/ldb/node13/node18/u1ai230330.html［2020-04-08］．

戴蒙德．2006．枪炮、病菌和钢铁：人类社会的命运［M］．谢延光，译．上海：上海译文出版社．

戴蒙德．2017．为什么有的国家富裕，有的国家贫穷［M］．栾奇译．北京：中信出版社．

董碧娟．全球研发中心东移的“中国机遇”［N/OL］．中国经济网，http：//intl.ce.cn/specials/zxgjzh/201208/28/t20120828_23624484.shtml［2020-04-08］．

法格博格，马丁，安德森．2018．创新研究演化与未来挑战［M］．陈凯华，穆荣平，译．北京：科学出版社．

樊纲．2014．中等收入陷阱迷思［J］．中国流通经济，28（5）：4-10．

方新．中国科技体制改革三十年的变与不变［N/OL］．人民网，http：//scitech.people.com.cn/n/2012/0927/c1057-19129498.html［2020-04-08］．

费尔普斯．2013．大繁荣：大众创新如何带来国家繁荣［M］．余江，译．北京：中信出版社．

弗里曼，苏特．2004．工业创新经济学［M］．华宏勋，华宏慈，等译．北京：北京大学出版社．

福山．2014．政治秩序的起源：从前人类时代到法国大革命［M］．毛俊杰，译．桂林：广西师范大学出版社．

傅高义．2013．邓小平时代［M］．冯克利，译．北京：生活·读书·新知三联书店．

高洁，袁江洋．2015．科学无国界：欧盟科技体系研究［M］．北京：科学出版社．

高振华，戴周华．苏州太仓新区一年引进德资企业22家［N/OL］．人民网，http：//js.people.com.cn/n2/2016/0128/c360301-27646788.html［2020-03-31］．

龚关．2010．中华人民共和国经济史［M］．北京：经济管理出版社．

谷牧．2009．谷牧回忆录［M］．北京：中央文献出版社．

郭涛．2014-06-02．技术市场开放30年机遇与挑战［N］．中国高新技术产业导报，（A05）．

国家创新体系发展报告编写组 . 2016. 国家创新体系发展报告 2014 ［M］. 北京：科学技术文献出版社 .

国家科发办公厅 . 1994. 国家科委文件汇编 ［M］. 北京：科学技术文献出版社 .

国家科委，加拿大国际发展研究中心 . 1998. 十年改革：中国科技政策 ［M］. 北京：科学技术出版社 .

海尔曼 . 2008. 技术领域的名家之争 ［M］. 刘淑华，郭威，译 . 上海：上海科学技术文献出版社 .

韩永辉，邹建华 . 2014. “一带一路”背景下的中国与西亚国家贸易合作现状和前景展望 ［J］. 国际贸易，（8）：21-28.

豪尔，泽德维茨 . 2017. 从中国制造到中国创造：中国如何成为全球创新者 ［M］. 许佳 . 北京：中信出版社 .

郝君超，李哲 . 2015. 中国推进包容性创新的实践及相关思考 ［J］. 中国科技论坛，（4）：35-40.

何晓丹，陈琦琦，展进涛 . 2018. 欧美等国基因组编辑生物安全管理政策及对中国的启示 ［J］. 中国科技论坛，（8）：183-188.

赫拉利 . 2014. 人类简史：从动物到上帝 ［M］. 林俊宏，译 . 北京：中信出版社 .

胡志坚，李哲 . 2018. 支撑现代化经济体系的国家创新体系建设研究 ［J］. 科技中国，（9）：1-4.

胡志坚 . 2000. 国家创新系统：理论分析与国际比较 ［M］. 北京：社会科学文献出版社 .

胡志坚 . 2017. “中国式创新”的现状及挑战 ［J］. 清华管理评论，ID：tbr2013.

霍尔，索斯凯斯，等 . 2017. 资本主义的多样性：比较优势的制度基础 ［M］. 王新荣，译 . 北京：中国人民大学出版社 .

贾鹤鹏 . 2012：转基因的那些事儿 ［EB/OL］. 果壳网，https：//www. guokr. com/article/425998/？f=wx&page=6 ［2020-04-08］.

江泽民 . 1992. 加快改革开放和现代化建设步伐，夺取有中国特色社会主义事业的更大胜利 ［A］ //中共中央文献研究室 . 改革开放三十年重要文献选编 ［M］. 北京：中央文献出版社 .

蒋和平，张忠明 . 2010. 发展劳动技术密集型——设施农业的政策建议 ［J］. 中国经贸导刊，（14）：30-31.

蒋廷黻.2012. 中国近代史［M］. 武汉：武汉出版社.

卡梅伦，尼尔.2014. 世界经济简史——从旧石器时代到20世纪末［M］. 潘宁，等译. 上海：上海译文出版社.

考恩.2015. 大停滞？——科技高原下的经济困境：美国的难题与中国的机遇［M］. 王颖，译. 上海：世纪出版集团上海人民出版社.

克里斯坦森.2014. 创新者的窘境［M］. 胡建桥，译. 北京：中信出版社.

库尔茨.2016. 经济思想简史［M］. 李酣，译. 北京：中国社会科学出版社.

乐爱国.2002. 儒家文化与中国古代科技［M］. 北京：中华书局.

乐爱国.2006. 中国传统文化与科技［M］. 桂林：广西师范大学出版社.

李兵，李正风.2011. 课题制实施存在的问题与对策［J］. 科学学与科学技术管理，32（12）：5-11.

李伯重.2015. 为何经济学需要历史［J］. 读书，（11）：19-26.

李惠国.2016-09-25. 创新文化是科技创新的重要元素［N］. 人民日报，（5）.

李侠.2015-07-31. 科技伦理：没有约束的科技是危险的［N］. 光明日报，（10）.

李约瑟. 2006. 中国科学技术史［M］. 何兆武，等译. 北京：科学出版社.

李哲.2012. 入世十年来我国科技创新政策与WTO规则的协调及展望［J］. 中国科技论坛，（12）：5-10.

李哲.2017. 从“大胆吸收”到“创新驱动”——中国科技政策的演化［M］. 北京：科学技术文献出版社.

李哲，郭丽峰.2008. 长三角地区技术转移体系的特点与启示［J］. 江苏科技信息，（1）：9-11.

李哲，苏楠.2014. 社会主义市场经济条件下科技创新的新型举国体制研究［J］. 中国科技论坛，（2）：5-10.

李哲.2018-12-08. 以问题为导向将改革持续向纵深推进. 科技日报，（8）.

李哲.2015-01-05. 大数据将加速形成新的技术经济范式［N/OL］. 中国社会科学网，http：//www. cssn. cn/dzyx/dzyx_llsj/201501/t20150105_1466248. shtml［2020-04-08］.

蔺雷，吴家喜.2017. 内创业革命［M］. 北京：机械工业出版社.

凌志军.2011. 中国的新革命：1980—2006年，从中关村到中国社会［M］. 北京：人民日报出版社.

刘声东，张铁柱 . 2014. 甲午殇思［M］. 上海：上海远东出版社 .

刘文静 . 2002. 地方立法中的冲突与合作——评《中关村科技园区条例》［J］. 暨南学报（哲学社会科学版），24（6）：8-16.

刘旭 . 2012. 改革开放以来中国科技政策回顾［EB/OL］. 百度文库 . https：//wenku. baidu. com/ view/5cc9542a7375a417876f8f02. html［2020-04-08］.

刘云生 . 2012. 中国古代契约思想史［M］. 北京：法律出版社 .

刘则渊 . 2017. "李约瑟悖论"的理论内涵与经济背景［J］. 科学文化评论，14（4）：49-61.

吕变庭 . 2013. 北宋科技政策述略［C］. 宋史研究论丛，14：467-488.

栾恩杰 . 2015. 国家重大工程是科技进步的牵引力——再论工程技术科学的关系［J］. 工程研究——跨学科视野中的工程，7（4）：317-322.

罗文，等 . 2012. 大中华区的创新探索［M］. 刘峰，严军琦，等译 . 北京：北京出版集团北京出版社 .

罗志荣 . 2006. 解读自主创新战略［J］. 企业文明，2006（1）：30-35.

米歇尔 . 2018. 复杂［M］. 唐璐，译 . 长沙：湖南科学技术出版社 .

莫里斯 . 2014. 文明的度量：社会发展如何决定国家命运［M］. 李阳，译 . 北京：中信出版社 .

莫里斯 . 2014. 西方将主宰多久：东方为什么会落后，西方为什么能崛起［M］. 钱峰，译 . 北京：中信出版社 .

纳尔逊，温特 . 1997. 经济变迁的演化理论［M］. 胡世凯，译 . 北京：商务印书馆.

佩蕾丝 . 2007. 技术革命与金融资本：泡沫与黄金时代的动力学［M］. 田方萌，胡叶青，刘然，等译 . 北京：中国人民大学出版社 .

奇曼 . 2002. 技术创新进化论［M］. 孙喜杰，曾国屏，译 . 上海：上海科技教育出版社 .

钱德勒 . 1987. 看得见的手——美国企业的管理革命［M］. 重武，译 . 北京：商务印书馆 .

钱穆 . 2013. 中国历代政治得失［M］. 北京：九州出版社 .

潜伟，吕科伟 . 2007. 宋代科技政策的计量研究——以《宋史》本纪中记载科技内容为计量对象［J］. 科学学研究，（2）：233-238.

乔传福，王来武，郝淑君，等 . 2011. 我国现代科研院所制度研究［M］. 北京：经济科学出版社 .

世界银行，国务院发展研究中心联合课题组 . 2013. 2030 年的中国：建设现代、和谐、有创造力的社会［M］. 北京：中国财政经济出版社 .

书杰 . 2018. 哲学 100 问［M］. 北京：华文出版社 .

斯蒂格利茨 . 2014. 不平等的代价［M］. 张子源，译 . 北京：机械工业出版社 .

孙锋，刘彦 . 2011. 英国公共科研机构私有化改革后管理运行模式探析——以英国物理、化学、洛桑实验室为例［J］. 科技管理研究，31（4）：40-45，52.

孙雷 . 年回首“分税制”［N/OL］. 中国知网网站，http：//xuewen. cnki. net/CCND-SJBD2004 1111ZZZ9. html［2020-04-08］.

孙正达，张暄，蒋加明 . 2004. 以色列国 . 重庆：重庆出版社 .

泰勒 . 2018. 为什么有的国家创新力强？［M］. 任俊红，译 . 北京：新华出版社 .

唐湘岳，龙军 . 重温“科学的春天”——十位科学家畅议全国科学大会召开 30 年［N/OL］. 中国共产党新闻网，http：//theory. people. com. cn/GB/49154/49156/6810501. html［2020-04-08］.

万钢，李学勇，尚勇，等 . 2008. 中国科技改革开放 30 年［M］. 北京：科学出版社 .

王晨 . 2016-11-03. 全国人民代表大会常务委员会执法检查组关于检查《中华人民共和国促进科技成果转化法》实施情况的报告［R/OL］. 中国人大网，http：//www. npc. gov. cn/zgrdw/npc/xinwen/2016-11/03/content_2000792. htm［2020-03-31］.

王丛霞 . 以色列的创新驱动发展战略［N/OL］. 中国社会科学网，http：//www. cssn. cn/dzyx/dzyx_xyzs/201606/t20160623_3081818. shtml［2020-03-31］.

王名，李勇，黄浩明 . 2012. 美国非营利组织［M］. 北京：社会科学文献出版社 .

王瑞军，吴家喜，封颖 . 2014-03-31. 促进外资研发机构融入国家创新体系［N］. 学习时报，第 7 版 .

王绍光 . 2013. 中国仍然是低福利国家吗？——比较视角下的中国社会保护“新跃进”［J］. 人民论坛 · 学术前沿，（22）：72-96.

王一娟，张建平 . 1999-06-04. 打消顾虑轻装闯关——评析 242 个科研院所企业化转制［N/OL］. 经济参考报，http：//news. sina. com. cn/money/9906/060416. html［2020-03-31］.

吴国盛 . 2016. 什么是科学［M］. 广州：广东人民出版社 .

吴敬琏，郑永年，基辛格，等 . 2013. 影子里的中国：即将到来的社会危机［M］. 南京：江苏文艺出版社 .

吴军 . 2016. 智能时代：大数据与智能革命重新定义未来［M］. 北京：中信出版社 .

吴明瑜，杨小林 . 2015. 科技政策研究三十年——吴明瑜口述自传［M］. 长沙：湖南教育出版社 .

吴晓波 . 2013. 历代经济变革得失［M］. 杭州：浙江大学出版社 .

吴晓波 . 2015. 浩荡两千年：中国企业公元前 7 世纪—1869 年［M］. 北京：中信出版社 .

吴晓波 . 2017. 激荡三十年：中国企业 1978—2008（上）［M］. 北京：中信出版社 .

习近平 . 2017. 习近平谈治国理政（第二卷）［M］. 北京：外文出版社 .

夏尔马 . 2013. 一炮走红的国家［M］. 常世光，译 . 北京：中信出版社 .

熊彼特 . 1983. 经济发展理论［M］. 王永胜，译 . 北京：商务印书馆 .

闫佳佳，雷良海 . 2010. 关于我国高新技术产业税收扶持政策的思考——基于韩国、新加坡的对比分析［J］. 商业经济，(20)：41-43.

严霞，王宁 . 2013. “公款吃喝”的隐性制度化——一个中国县级政府的个案研究［J］. 社会学研究，(5)：1-25.

杨文利 . 2014-11-05. 1992 ~ 1998 年的科技改革［EB/OL］. 中华人民共和国国史网，http：//www. hprc. org. cn/gsyj/yjjg/zggsyjxh_1/gsnhlw_1/d13jgsxsnhlw/201411/t20141105_4094444. html［2020-04-08］.

杨洋，李哲 . 2019. 我国创新产品进入市场的障碍与对策［J］. 科技中国，No. 257 02：7-10.

尹璐，满佳 . 2011. 建国初期我国科技政策的发展及启示［J］. 辽宁工业大学学报（社会科学版），13（6）：48-50.

余莹 . 2007. WTO 框架下我国科技产业政策的运用——中美集成电路增值税案评析［J］. 科技进步与对策，24（7）：1-3.

张九庆 . 2014. 科学的进步——表现与动力［M］. 北京：科学技术文献出版社 .

张力 . 2017-12-13. 观察我国建设世界一流大学的两个维度［N/OL］. 中国教研信息管理中心网站，http：//zgjyxxgl. cn/keyan/692. html［2020-04-08］.

张思民 . 高新技术产业发展与风险资本支持［N/OL］. 人民网，http：//www. people. com. cn/GB/channel5/745/20000512/62836. html［2020-04-08］.

张维迎 . 2015. 经济学原理［M］. 西安：西北大学出版社 .

张毅荣 . 2018-8-30. 德国将设新机构助推颠覆性创新［EB/OL］. 新华网，http：//

www. xinhuanet. com/2018-08/30/c_1123354698. htm [2020-02-11].

张幼文 . 2015. 改革开放：使中国在世界发展竞争中赢得比较优势 [J]. 求是，(6)：36-38.

张昀京 . 2011. 铸剑九十年锋刃正凛然——中国共产党科技思想及政策回眸 [J]. 科技潮，217 (7)：10-13.

赵忆宁 . 2011-11-21. 龙永图回忆朱镕基总理决断中美入世谈判内幕 [N/OL]. 凤凰网，http：//finance. ifeng. com/news/macro/20111121/5106828. shtml [2020-04-08].

赵玉林 . 2017. 创新经济学（第二版）[M]. 北京：清华大学出版社 .

郑巧英 . 2004. 连续与突变：中国科技政策史——吴明瑜先生访谈录 [J]. 科学中国人，(9)：24-26.

中国创新型企业发展报告编委会 . 2013. 2012 中国创新型企业发展报告 [M]. 北京：经济管理出版社 .

中国科学技术发展战略研究院科技体制与管理研究所 . 2015. 中国企业在欧洲建立研发机构的调查报告 [M]. 北京：科学技术文献出版社 .

中国科学技术发展战略研究院课题组 . 2015. 中国的包容性创新 [M]. 北京：科学技术文献出版社 .

中国科学技术协会学会学术部 . 2008. 科技创新——科学优先还是技术优先 [M]. 北京：中国科学技术出版社 .

中华人民共和国科学技术部 . 2009. 中国科技发展 60 年 [M]. 北京：科学技术文献出版社 .

中华人民共和国科学技术部 . 2018. 国际科学技术发展报告 [M]. 北京：科学技术文献出版社.

钟财 . 1993.《中共中央关于建立社会主义市场经济体制若干问题的决定》名词术语解释 [M]. 北京：人民出版社 .

周天勇 . 2008- 09- 01. 三十年前我们为什么要改革开放 [N/OL]. 新浪网，http：//news. sina. com. cn/c/2008-09-01/085516209335. shtml [2020-04-08].

驻欧盟使团经商参处 . 2018-12-20. 欧洲议会以压倒性多数投票支持征收数字税 [EB/OL]. 中华人民共和国商务部网站，http：//www. mofcom. gov. cn/article/i/jyjl/m/201812/20181202819613. shtml [2020-02-11].

邹东涛，左正三，吴选辉 . 2018. 发展和改革蓝皮书：中国经济发展和体制改革报告 No. 8

中国改革开放40周年（1978～2018）［M］．北京：社会科学文献出版社．

Betz M J，Despain R. 1980. Labor- intensive technology：promises and barriers［J］. Transportation Research Record，749：67-71.

Muhammad T. 1995. Developing countries dilemma：labor intensive technology or capital intensive technology?［C］. Conference Proceedings of the 13th International Conference of the System Dynamics Society，Tokyo，Japan.

Riedel J. 1975. The nature and determinants of export- oriented direct foreign investment in a developing country：a case study of Taiwan［J］. Review of World Economics，111（3）：505-528.

Zhou K Z，Gao G Y，Zhao H. 2017. State ownership and firm innovation in China：an integrated view of institutional and efficiency logics［J］. Administrative Science Quarterly，62（2）：375-404.